Trabalis
San Juan

Bitácora de una transmisión radial

Porque la adversidad no roba los sueños… un niño nada en el agua estancada en la Avenida Ponce de León en Santurce a los dos días del paso del huracán María.

Rodríguez Cotto, Sandra
        Bitácora de una transmisión radial
        Reseña periodística
        ISBN:978-1942989-54-7

Primera edición: 2018
© Sandra Rodríguez Cotto, 2018
San Juan, Puerto Rico

email:
sandra.rodriguez.cotto@gmail.com

Blogs:
Professional - http://enblancoynegromedia.blogspot.com/
Personal - http://nineriasmias.blogspot.com/

Social:
Twitter - @SRCSandra
Facebook - http://www.facebook.com/SRCSandraRC

Dirección editorial:
© Trabalis Editores
459 Sagrado Corazón, Suite 801
San Juan, PR 00915
trabalis.editores@gmail.com
www.trabaliseditores.com

Fotos interior: Pablo Pantoja y Sandra Rodríguez Cotto
Diseño portada:Zayra Taranto

Bitácora de una transmisión radial

Sandra Rodríguez Cotto

Dedico estos pensamientos
y este diario a quienes
fueron mi apoyo en esos días
confrontando la bestia que
intentó destruir nuestro
Puerto Rico.

A Mami, a Papi y a mi amada
hija Mariela, por dejarme
trabajar por Puerto Rico
en lo que sé hacer, que es
comunicar.

Y a mis amigos Doña Carmen
Blanco, Ada Jitza Cortés y
Jesús Rodríguez García, por
motivarme a seguir, y por
la bendición que es para mí,
tener su amistad.

Puerto Rico, herida, rota, pero ahí estamos.

Ondeando frente al mar en calma después del huracán María.

Foto tomada en Cabo Rojo por mi amigo periodista Jesús Rodríguez García, quien me la envió, sabiendo, porque me conoce bien, que tocaría mi alma.

Índice

Agradecimientos

Este libro surge de la motivación compartida que me dieron por un lado Mayra Santos Febres y Tamara González, y por el otro, la inspiración que recibí de otros grandes de las letras y del quehacer literario en este país como lo son Yolanda Arroyo Pizarro, Daniel Nina, Mayrim Cruz Bernal, Jesús Delgado Burgos y el maestro, Roberto Ramos Perea. Para todos ustedes va mi agradecimiento, para que sepan que fueron los que me inspiraron a relatar lo que viví en esos días.

No puedo evitar decir que el tema, las vivencias y anécdotas en sí vienen por el trabajo compartido, las muchas noches de desvelo, las lágrimas de emoción, frustración y ese cansancio indescriptible que genera la labor periodística cuando se hace con amor y con pasión.

Agradezco desde lo más profundo de mi corazón a la familia Blanco, a Don Wilfredo, a Jorge y especialmente a Doña Carmen, por haber prestado su emisora Wapa Radio para ser el vínculo de enlace con el pueblo durante esas semanas de oscuridad tras el huracán. Los tres me permitieron y le permitieron a muchos otros periodistas y comunicadores expresar nuestro sentir, aun cuando saben que diferimos ideológicamente. A pesar de esto su función social está clara y dieron cátedra al resto de los medios. Sin duda, hicieron historia en el periodismo y en la radiodifusión en Puerto Rico.

Agradezco a todos los compañeros y amigos que este huracán me regaló y fueron los trabajadores de la Cadena Wapa Radio. Son y siempre serán parte de mi ser, de mi familia, y los amo. A Yolanda Ramos, Israel Prieto, Freddy Virella, César Fiallo, Robert García y Jesús Rodríguez García: gracias. Gracias también a Ismael Torres, por el cariño y el respeto de siempre, y a Luis Penchi, por tener la oportunidad de laborar juntos por primera vez. Aunque algunos ya no están en Wapa Radio, la amistad, el respeto y la admiración siempre estarán presentes y eso para mí, es un regalo.

A Ada Jitza Cortés y al Dr. Alfonso Madrid, gracias por el privilegio de tenerlos como compañeros en todos esos meses, día tras días, noche tras noche, y por las muchas amanecidas compartidas, tratando de llevar esperanza y tranquilidad al pueblo.

Gracias a mi hermano y amigo Gilberto Arvelo (conocido como Dr. Shopper) por sus consejos y apoyo incondicional desde hace tantos años. Arvelo, eres el mejor, siempre. A todos los actores, músicos y artistas que accedieron a mi llamado de ir a Wapa Radio a cantar o a compartir, solo para llevarle algo de alegría al país en esas oscuras noches en las que la desesperanza quería abatirnos: a Pijuán (Q.E.P.D.) y Edward, Lenny Adorno y los niños trovadores, la Orquesta Sinfónica de Puerto Rico, el Conservatorio de Música, Charlie Aponte, Axel Joel y su padre Axel Vizcarra, Chente Ydrach, Pirulo sin su tribu, Choco Orta, el primerísimo actor Ángel Vázquez, Herminio De Jesús y tantos otros exponentes de la cultura, la literatura y el arte. Gracias. Demostraron que sin arte no somos nada.

La mayoría de las imágenes que acompañan este libro fueron tomadas durante esos días en los que todos nos enfrentamos a un nuevo país, azotado, destruido, pero siempre con deseos de salir hacia adelante. Algunas fotos son mías. Otras, las tomaron compañeros durante la transmisión, casi siempre usando mi teléfono celular. Sin embargo, las verdaderamente buenas, las que de verdad cuentan la historia, las tomó el amigo fotoperiodista Pablo Pantoja. Muchas de sus fotos han recorrido el mundo. Medios como *Huffington Post*, *The New York Times*, *The Wall Street Journal*, *Granma* en Cuba, *La Reforma* en México y muchos otros usaron las impresionantes imágenes de Pablo en sus primeras planas, para ilustrar lo que pasó por Puerto Rico. Yo tuve el privilegio de conocerlo durante la transmisión en Wapa Radio, y Pablo no solo me proporcionaba reportaje gráfico de los lugares que visitaba, sino que también se unió en nuestros recorridos y en muchas ocasiones a las transmisiones radiales, y era parte de mi equipo cercano. Gracias, querido Pablo. Uno de los mayores regalos en la vida y en este proceso fue el privilegio de conocerte.

Un agradecimiento bien especial va a para José Maldonado. Pollo, como le dicen, accedió y fue mi acompañante largas noches en las transmisiones y resultó ser toda una revelación en la radio. Su pasión por el periodismo y la honestidad intelectual me hicieron sentir que la utopía es posible. Igualmente, a Jorge Gelpí Pagán, quien se vive el periodismo y me salvó de tener migrañas gracias a que traía café en las madrugadas. A ambos, solo les digo que los amo y ustedes lo saben.

Agradezco también a todos los que fueron a las entrevistas, especialmente a los políticos que trataron de responder al pueblo lo mejor que podían dada la emergencia. Un especial agradecimiento a los alcaldes Toa Baja, Toa Alta, Cabo Rojo, Bayamón, Ponce, Loíza, Río Grande, Fajardo, Comerío, Carolina, que aún en medio de la emergencia, respondían. También siempre estuvieron disponibles los legisladores Thomas Rivera Schatz, Eric Correa, Luis Vega Ramos, Ángel Matos, Dennis Márquez, Juan Dalmau, Quiquito Meléndez, Johnny Méndez, y otros. De La Fortaleza, agradezco a Joanne Vélez, por responder siempre cuando algún envejeciente llamaba a la emisora pidiendo ayuda.

A los políticos y funcionarios que no quisieron dar cara porque no querían contestar preguntas, gracias también, porque demostraron lo gusano que son. Ustedes y sus asesores de prensa son unos cobardes, y eso el pueblo lo sabe. Los que lean el libro verán a quienes me refiero.

Más que nada, quiero agradecer a todas esas personas del público y de organizaciones religiosas y comunitarias que nos ayudaron en esta labor. Gracias a los médicos, psicólogos, expolíticos, pastores, sacerdotes y monjas, y a todos los voluntarios que apoyaron la gestión de los periodistas y comunicadores que tratamos de hacer algo con lo poco que teníamos, desde Wapa Radio. A las decenas de voluntarios que estuvieron en la emisora esos primeros días, anotando nombres, abrazando a los que llegaban llorando, buscando comida y ropa para los necesitados, o hasta limpiando pisos y colando café, gracias.

Y claro, agradezco a los más de 60 periodistas y comunicadores que acudieron al llamado que hice de trabajar en esa *Cobertura Especial*. Vinieron desinteresadamente todos a ayudar. Temo que no tendré todos los nombres en esta lista, y desde ya les pido perdón a los que omita. Fueron muchos periodistas, y demasiados días y noches de locura. Por eso no cuento con una lista formal. Gracias por demostrar que el periodismo comunitario tiene una misión social crítica en la reconstrucción de la patria.

Yolanda Ramos
Israel Prieto
Freddy Virella
Jesús Rodríguez García
Robert García
César Fiallo
Luis Penchi
Jorge Blanco
Carmen Blanco
Reyna Santiago
Billy Rosado
Ismael Torres
José Maldonado
Graciela Rodríguez Martinó
Wilda Rodríguez

Rosa Delia Meléndez
José Ángel Cordero
Ada Jitza Cortés
Alfonso Madrid
Rita Iris Pérez
Benjamín Morales
Gloribel Delgado
Darisabel Ortiz
Jorge Gelpí Pagán
José Raúl Arriaga
Aníbal Ribot
Marielis Rivera
Miredy Flecha
Eliza Llenza

Celestino Ortiz
Francisco Quiñones
Sandra Caquías
Liza Lugo
Yolanda Vélez Arcelay
Víctor Manuel Vázquez
Daileen Joan Rodríguez
Omar Díaz
Stephen Álvarez
Wilton Vargas
D'Yauco
Alana Casanova Buress
Pablo Pantoja

También pasaron varios periodistas de medios internacionales por la emisora, o me llamaron de los siguientes medios, interesados en cubrir lo que estaba sucediendo en Wapa Radio:

National Public Radio
The New Yorker
Bloomberg
CBS
MSNBC

NBC
Telemundo
Univision
The USA Today
The Miami Herald

Reuters
Vogue
Varias emisoras radiales de la República Dominicana, Colombia, Ecuador y México.

Prólogo

Escribir es como hacer el amor. Hay que estar motivado, y cuando se empieza, no se puede parar. La pasión nos mueve. Nos hace vibrar.

Yo respiro por esa pasión. Por eso escribo y siempre he escrito sin parar. Quizás demasiado, en una época en la que supuestamente la gente no lee, yo escribo.

Escribo en mi mente, en la computadora, en una servilleta y hasta en el celular. Me grabo, y transcribo. Siempre lo hago. Siempre lo he hecho. Esa costumbre de anotar datos, citas, críticas e ideas que aprendí de niña y aumenté exponencialmente en mis años en el trajín de reportera, nunca la he perdido por más que lo intente.

Esa pasión del que siente que tiene tinta en sus venas, solo la comprenden aquellos que son o han sido alguna vez periodistas. Es una vocación que no se apaga. No muere. Siempre está, si es que a eso se vino a este mundo. Después de todo, cada ser humano viene con una misión en la vida, una marca, un camino. Mi camino han sido siempre las comunicaciones, y Puerto Rico. El periodismo es mi vocación de vida, que ejerzo y dejo de practicar en distintos momentos y por diversas circunstancias, pero, a fin de cuentas, es eso. Es una vocación real. No puedo dejar de informar, o más bien, contar la historia que veo que se desarrolla ante mis ojos. Por eso escribo y relato lo que veo. Es como respirar. Natural. Si dejo de respirar muero, y me pasa igual si no escribo. Cuento para que no se olvide lo que pasa.

Este libro es el resultado de muchos pensamientos y experiencias vividas durante el paso del huracán María por Puerto Rico el 20 de septiembre de 2017.

Nunca pretendí hacer un diario, pero así me salió. Era tanto y tan variado lo que sentí y he sentido desde el huracán, que tenía que escribirlo. Todos los días lo hacía. Digamos que era mi método de enfrentar la realidad de un nuevo Puerto Rico, una especie de catarsis o quizás, una manera de autoayuda.

Los relatos son textuales, ya que tengo muchas de las grabaciones de lo que salió al aire. Otras veces eran pensamientos o comentarios que escribí en las redes sociales de Facebook y Twitter, y casi siempre escribía con el alma, y literalmente con los ojos cerrados. A veces era una oración, otras una columna que publiqué en NotiCel o en mi blog En Blanco y Negro Con Sandra, y muchas otras, un recuento de experiencias. Después comenzaba a corregir errores, aunque hacía el ejercicio de dejar que el pensamiento fluyera libre, desde el corazón.

Sin premeditarlo volví al periodismo. La necesidad que vi en el país en ese momento, me movió a hacerlo. Corrí al día siguiente del paso del huracán hasta la emisora de radio y no paré de trabajar hasta el mes de enero del año siguiente.

El caos no comenzó realmente el día del huracán, sino al día después, cuando la gente tomó conciencia de la devastación. La falta de gasolina, la escasez de alimentos esos primeros días, la falta de electricidad y de telecomunicaciones sirvieron de evidencia. Entonces nos sintonizamos con el verdadero sufrimiento de la gente. Por eso, las primeras tres semanas después de María, me dediqué en cuerpo y alma a tratar de que la gente se sintiera acompañada en el proceso. Dormía en el piso del vestíbulo en la emisora Wapa Radio y trabajaba más de 24 horas corridas. Luego, empecé a ir de noche. Muchos amigos hicieron lo mismo.

Durante todos esos meses vi mi labor periodística como una función social y comunitaria, y no devengué ni un centavo por mi trabajo. Lo hice porque quise. Nadie me lo pidió. Pero yo sentí en mi corazón que tenía que ayudar de alguna forma a levantar a Puerto Rico. La única manera en que sabía hacerlo era comunicando. Hablando en la radio y escribiendo cuando pude en mi blog, en las redes sociales, en mi columna semanal en Noticel y en inglés, para varios medios de los Estados Unidos.

Durante esos meses después del huracán, cerré mi oficina de relaciones públicas y detuve mi práctica como asesora para dedicarme de cuerpo entero al trabajo periodístico, de fiscalización y denuncia. Sentía que era mi responsabilidad porque la gente tiene miedo de hablar.

Poco a poco empecé a visitar pueblos por las mañanas y tardes, y en la noche acudía a la emisora. Ya para mediados del tercer mes volví a hacer mis escritos, traducciones y documentos de trabajo formal, sin dejar la labor en la radio, pero ya no estaba visitando pueblos, refugios y comunidades.

Tuve que dejar de hacerlo porque fue muy fuerte y muy doloroso para mi ver tanta destrucción. Me deprimía. Me hacía llorar de rabia y perdía la paciencia con funcionarios del gobierno que no estaban haciendo bien su labor. Por eso critiqué tanto y tan severamente a personas como los secretarios de Salud y de la Familia, quienes brillaron por su ausencia en la emergencia. Pienso que esos puestos están todavía vacantes. Los denuncié porque no sirvieron bien al país, y lo hice sin temer las consecuencias, sabiendo la furia que desataría en algunos ineptos funcionarios y sus más ineptos ayudantes en el gobierno. Pero no me callo ante lo que es evidente. No le temo a esos imbéciles.

Tampoco pretendo saberlo o contarlo todo. Solo escribo desde mi verdad. La verdad que vi, la verdad que sentí y la verdad que he vivido en todo este tiempo con gran pasión y amor. Espero que te guste y me acompañes en este viaje de recuerdos, vivencias y narraciones. Para que nunca se olvide lo que vivimos en Puerto Rico en el 2017.

Sandra D. Rodríguez Cotto
Guaynabo, Puerto Rico

Cobertura especial

Cobertura especial

-*"Son las tres de la tarde en esta Cobertura Especial de la Cadena Wapa Radio, y nos preparamos para el embate de los vientos",* dijo con energía, pero un tanto resignado, el periodista Jesús Rodríguez García. Sabía que allá afuera del lúgubre estudio pasaban muchas cosas. Allá estaba la verdadera acción.

Primero hubo un silencio de muerte. Olía a muerte. Se oía la muerte. No se veía, pero se podía sentir en los huesos y en la piel. Rondaba cerca y podía casi tocar a cualquiera. En cualquier esquina, en cualquier sinuosa calle o en el más recóndito campo, alejado de la ciudad. Estaba cerca y se sentía.

Uno sabía que a ese silencio casi hechicero, precedía un zumbador viento, un estruendoso viento. Retumbante. Ese que ruge como un demonio, y que viene a volar gente, a quemarlos vivos. Detrás vendría el agua, a ahogarnos vivos. No hay sensación más horrible que morir ahogado. Tragar agua sin querer y luchar por encontrar aire, mientras la corriente te arrastra, es la peor de las muertes. Se balbucea, se tose, pero el agua bloquea los pulmones, sella las vías aéreas y provoca un espasmo en las laringes. Llena cada hueco interno de tu ser, hasta que te esponja, y te mata el cerebro y el corazón. Dicen que se siente deseo de llorar cuando te ahogas. Como si te quemaras vivo, o te estuvieras cayendo por un barranco abajo. Ahogarse causa pavor.

Esa sensación colectiva de terror invadía las mentes de toda la gente en urbanizaciones, montañas, valles y costas; de norte a sur. La muerte rondaba cerca vestida de vientos, de ruido con intervalos de silencio, y agua, mucha agua. El huracán María ya azotaba las costas del sureste de Puerto Rico, pero sus ráfagas se sentían por casi todo el archipiélago.

-*"Estamos esperando reportes más completos de las autoridades. Tengo que informarles que estamos confrontando problemas con los teléfonos, y por eso no logramos comunicación con el jefe de Manejo de Emergencias, Abner Gómez"*, irrumpe Jesús, en el pensamiento de las masas.

Era en ese preciso momento en el que la gente en sus hogares empezaba a preocuparse. Temerosos todos, pensaban en lo que hicieron y lo que dejaron de hacer. Si guardaron agua suficiente y bastantes latas de *corned beef*, jamonilla y salchichas. Recordaban a sus familiares, a los viejos que abandonaron a su suerte, al pueblo, la terraza de aluminio del vecino, el techo de *zinc*, las ventanas de cristal a las que no le pusieron las tormenteras. Se acordaban de que existía un Dios y empezaban a clamarle, para que el azote del ciclón no fuera tan fuerte.

- *"Ya usted tiene que haber tomado sus precauciones y estar preparado para lo que viene, que esperemos no nos haga tanto daño"*, decía Jesús a los radioescuchas.

La gente en sus casas, en familia, y muchos otros en refugios, temerosos, pensaban en qué estaba pasando allá, afuera. Ya la luz se había ido, pero la agonía apenas comenzaba. No había manera de comunicarse con los seres queridos. No había forma de llamar a nadie. Ni a la Policía, ni a los bomberos, ni tan siquiera al vecino para que te ayudara porque no había señal. No se podía ni ver al *Weather Channel* porque no había televisión sin electricidad.

Las baterías del radio transistor estaban buenas, pero uno movía el botón de un lado a otro y no se oía nada. Solo ruido. Silencio de voces. No se escuchaba a Rubén, ni a Julio ni a Falú. Ya las emisoras habían salido del aire, y en ese momento nadie sabía el porqué. Luego nos enteramos que se habían inundado transistores, estudios y se cayeron torres. No estaban esas voces conocidas para ayudarle a uno a pasar ese trago amargo del presagio de la muerte que se sentía venir con María.

Ahogados en el miedo por lo que venía, solo se oían las voces de Jesús y de Ismael Torres, roncas ya de tanto hablar, porque Luis Penchi había tomado un descanso después de más de 20 horas corridas al aire. Esas voces no son las que copan los *ratings,* pero ahora eran lo único que se escuchaba. Ironías de la vida que solo estuviera al aire la emisora que se asocia al imperio, a la Gran Corporación. La que busca la anexión con los Estados Unidos de América, fue la que sacó la cara por la gente de Puerto Rico.

-*"Acabamos de recibir un correo electrónico que lee como sigue: Traté de comunicarme por teléfono con Wapa Radio, pero es imposible. La urbanización Lomas de Carolina, detrás de la corte de*

Carolina, se inundó. Mis padres están atrapados en el techo de su casa. Es el número tres de la calle Pico del Este. Han llamado al 911 y nadie ha pasado a rescatarlos. Están en sus 70 años, y no saben nadar. Por favor envíen ayuda. Se lo agradezco con toda mi alma. Gracias por su labor con nuestro pueblo. José Sotomayor, Inspector del Federal Protective Services". Jesús termina de leer y sentencia: "Señores, es urgente. Hay que ayudarlos. Es una situación delicada y urgente. Que las autoridades pasen por Carolina".

-"Hay gente que no aprende", dijo, como la voz de la conciencia, el veterano periodista Ismael Torres. "¿Por qué no se fueron a un refugio cuando le dijeron? Eso se advirtió. El gobernador Rosselló lo dijo una y otra vez, pero no hicieron caso". Puede imaginarlo moviendo la cabeza de un lado a otro.

-"No tenemos más información de este caso", interviene, desde el control técnico, la locutora Yolanda Ramos.

-"No se nos ha enviado otro correo electrónico para decir que fueron rescatados, así que entendemos que la necesidad continúa. Son las 3:35 de la tarde, de hoy miércoles, 20 de septiembre de 2017. Día del huracán María. Dos días después del aniversario del huracán Hugo", añade como en un titular noticioso, Jesús.

-"Hugo fue en el 89", dijo Ismael.

-"Amigos radioescuchas, estamos haciendo las gestiones para tratar de comunicarnos con el 911 o con Manejo de Emergencias para corroborar esta información, pero no hay manera. Les pedimos a las autoridades, si está en su poder y los vientos le permiten, que nos dejen saber que llegaron hasta ese sector en Carolina. Que nos digan ya sea por correo electrónico o por teléfono. Mientras eso sucede, vamos a seguir tomando las llamadas que entran en línea", dijo Jesús.

Y llama la voz de una señora, llorosa, pidiendo saber de sus parientes. "Llamo porque no he podido comunicarme con mi familia. Es la familia Delgado. Es para dejarles saber que estamos bien", dijo la radioescucha que llamó.

-"¿Con quién hablamos y de dónde es su familia?", interrumpió Jesús.

-"Dame el teléfono Mami", dijo una voz de hombre. "Estamos en Trujillo Alto, pero somos de Cupey. Soy Manuel. Manuel Delgado. Y a la Familia Cruz Soto, que sepan que estamos bien. Cualquier cosa, que sepan que el punto de encuentro es en mi casa. Ellos saben dónde es. Gracias", dijo.

-"Gracias a usted por llamar. Así que a la familia Cruz Soto, que sepan que Manuel Delgado y sus demás familiares, en Cupey, están bien. Que cuando puedas, recuerden que el punto de encuentro es en su casa en Cupey", dijo Jesús. "Vamos a otra llamada".

Son las cinco de la tarde.

Catorce llamadas entraron corridas: de Ponce, Juana Díaz, cinco de la zona de Arecibo, dos de Bayamón. Y empieza a llamar gente de Levittown. Entraron cuatro llamadas corridas de Levittown, esa emblemática comunidad de urbanizaciones que se construyó en los 70 en Toa Baja.

-*"Miren allá en Wapa Radio, para informarles que en Levittown está subiendo el agua. En la quinta extensión. Yo creo que aquí se taparon las alcantarillas. Esto es en la quinta sección, a ver si pueden mandar a alguien a que nos diga qué pasa porque los teléfonos no sirven. Le habla el señor Rivera"*, indicó.

-*"Anotada su petición señor Rivera. Les pedimos a las autoridades, o al alcalde de Toa Baja, Betito Márquez, que se comunique con nosotros en esta redacción en la medida en que le sea posible para poder llevar la información"*, dijo Ismael. *"Próxima llamada. Buenas tardes, Wapa Radio, ¿quién nos habla?"*.

-*"Le habla Raquel García, aquí también en Levittown. El agua sigue subiendo. Ya va por casi 10 pies de alto. Se nos metió en la casa"*.

-*"Señora García, ¿está en línea? ¿Está ahí? Parece que se cayó la llamada. Le pedimos a la Policía, y Manejo de Emergencias, que nos indiquen qué está pasando en Levittown"*, dijo Jesús.

Yolanda en el control técnico interrumpió, y dijo que habían entrado varias llamadas de Levittown.

-*"¡Auxilio Wapa Radio! ¡Auxilio!"* gritó una voz de un hombre, casi llorando. No se identificó y dijo: *"Esto aquí parece un río y llueve, con truenos. Está fuerte porque casi nos arrastra. Se trepó casi a los cinco pies y nos encaramamos a los techos. Vengan a rescatarnos. Esto es en barrio ingenio en Toa ..."* Se cayó esa otra llamada.

-*"Yolanda ¿está ahí ese señor que nos llamó?"*, preguntó Jesús, y se notó preocupado. La voz lo delató.

-*"No, se fue del aire"*, dijo Yolanda desde control.

-*"¿Dónde está Abner Gómez, el jefe de Manejo de Emergencias? Tenemos una situación en Levittown. Por favor, responda. Pesquera, que es el jefe de seguridad, que nos digan si ya están atendiendo esta situación. Al parecer el río se ha salido de su cauce o hay alguna inundación en varios sectores del pueblo de Toa Baja. Necesitamos que nos confirmen para poder alertar a las personas. Si es que ya se está atendiendo el tema, por favor, que nos digan para que estas personas estén tranquilas de que alguien los va a rescatar"*, dijo Jesús.

-*"Parece que están incomunicados los encargados de seguridad. Estamos haciendo gestiones fuera del aire"*, informó Ismael, quien, días después narró cómo intentó comunicarse frenéticamente con distintos funcionarios, hasta con el propio Gobernador Ricardo Rosselló, pero no logró acceso.

-*"Perdona Ismael, que te interrumpa, pero acabamos de recibir una llamada sumamente importante. Con nosotros se encuentra en línea telefónica José Sotomayor Inspector del Federal Protection Services, que fue la persona que nos escribió el correo electrónico hace unas horas, alertando que sus padres estaban atrapados en el techo de su casa en Carolina. Son casi las siete de la noche. Buenas noches señor Sotomayor. ¿Cuál es la situación actual de sus padres? ¿Ha logrado comunicarse con ellos y han sido rescatados?"*, preguntó Jesús.

De pronto, el hombre al otro lado de la línea telefónica empezó a sollozar. "Gracias a Dios que todavía puedo comunicarme con ellos. Ellos están atrapados en el techo de su casa porque la urbanización se inundó, y nadie ha pasado por ellos a rescatarlos", dijo Sotomayor.

-*"¿Y usted ha logrado comunicarse con Manejo de Emergencias Municipal de Carolina?"*, preguntó Jesús.

-"Ellos han llamado al 911 y les dicen que por ahora no pueden mandar a nadie", dijo el hombre, sollozando.

-*"¿Y usted? ¿Usted, no ha podido comunicarse con Manejo de Emergencias? ¿Por qué no movió a sus padres a un lugar seguro si esa zona es inundable?"*, preguntó de nuevo Jesús, al tiempo que le pidió en un tono más bajo, ayuda al máster control: *"Yolanda ve buscando a Manejo de Emergencias de Carolina a ver si están enterados o no, y si es que no han podido salir a rescatarlos".*

-"Es que no podía comunicarme. Según ellos, el agua ya cubrió los carros. Ellos están en el techo, a la intemperie. No me han hablado de los vecinos, así que no sé qué sucede. Estoy desesperado. Son dos personas mayores", dijo el hombre, intentado hablar, pero se escuchaba como si estuviera llorando.

-*"¿Por qué no está con ellos? ¿Dónde usted se encuentra?"*, le preguntó Ismael.

-"Yo vivo en el estado de Nevada. En la ciudad de Reno. Los estoy escuchando por Internet y como no logro conseguir a nadie, les escribí un email porque ni la policía, ni el 911 responde. Es desesperante. Yo viajo mañana para allá si Dios permite. Esa zona es en una urbanización y nunca en la vida se había inundado", dijo el señor, y siguió llorando.

-*"Suena ocupado el teléfono de Manejo de Emergencias, pero vamos a seguir tratando señor Sotomayor"*, le dijo Jesús. *"Tómelo con calma porque no hemos logrado comunicación, pero sabemos que nos están escuchando. Por lo pronto. Usted puede bajar la aplicación de Wapa Radio en su celular para seguir escuchándonos. Repetimos, allá en el Municipio de Carolina, atiendan esta emergencia. La Urbanización Lomas de Carolina detrás del tribunal, se inundó, y los padres de esa persona que nos llamó están en el techo de la casa. Son personas mayores. Están a la merced de las lluvias y los vientos"*, repitió Jesús.

-"Muchas gracias a ustedes y les ruego que salven a mis padres", dijo Sotomayor.

-*"No se preocupe que vamos a seguir insistiendo"*, dijo Jesús.

Hacemos una pausa. Al regreso, volvieron las llamadas desde Toa Baja. -*"Sí, buenas noches. Le habla Irmarie Orama de Carolina. No he podido contactar a* mi suegra que vive en Toa Baja. Ella se llama Felícita González Colón. Quiero dejarle saber que estamos bien, que si puede comunicarse que me llame a la casa de mi abuela. Y un saludo a la familia de Solimer Concepción que sepan que ella está bien", dijo.

-"Muchas gracias, a usted y esperemos que le respondan", dijo Ismael.

-"Ismael, tengo noticias. Nos acaban de informar fuera del aire, que ya las unidades de la Guardia Nacional y de Manejo de Emergencias están en la zona de Levittown y del barrio Ingenio en Toa Baja, que escucharon las llamadas aquí a Wapa Radio, y ya están evacuando y rescatando personas. En la medida en que los vientos les permitan hacerlo, nos van a informar. Repetimos. Está confirmado que ya hay unidades de la Guardia Nacional, de la Policía y de Manejo de Emergencias en la zona de Toa Baja. Nosotros hemos seguido recibiendo llamadas de personas en el pueblo de Toa Baja. Específicamente en el barrio Ingenio y en Levittown. Tenemos entendido que hay inundaciones graves e inesperadas porque aparentemente un río se salió de su cauce, pero esta información que recibimos por un mensaje de texto de un oficial de La Fortaleza, nos tranquiliza un poco", informó Jesús.

-"Eso es un alivio. Son buenas noticias para que esas personas sepan que la ayuda va en camino. ¿Sabes si están haciendo algo con el caso de Carolina?", preguntó Ismael.

-"Hasta el momento no sabemos nada de ese caso, pero seguimos intentando", dijo

Jesús. "Amigos, son las 7:36 de la noche y se nos une nuevamente el compañero Luis Penchi".

-"Saludos. Esas son buenas noticias, y con nosotros se encuentra en línea telefónica, el señor Gobernador Ricardo Rosselló. Buenas noches señor gobernador. Quisiera saber cuál es el último reporte. Entiendo que el ojo del huracán ya entró", retumbaron los micrófonos con la conocida voz del veterano periodista ponceño.

-"Ciertamente el ojo ya entró", dijo el Gobernador. "Hasta ahora lo que hemos recibido son reportes de daños severos a la infraestructura, y ciertamente, la pérdida de la energía eléctrica y de lo que son las telecomunicaciones. Pero aquí lo importante ahora, es que todo el que me está escuchando, y sé que es todo Puerto Rico, les pido que pueda reconocer que esto va a ser una tormenta larga. Esto, que... bueno, es el momento de quedarse guarecidos. A lo largo de las próximas dos horas se van a sentir los vientos más poderosos, pero después de eso, todavía va a haber mucha peligrosidad, porque va a haber mucha lluvia, inundaciones, marejadas ciclónicas que van a ser mucho más altas de lo anticipado. Así que calma y todos a recordar que lo prioritario no es lo material, sino mantener segura a nuestra familia".

-"Gobernador, el ojo estaba por entrar a las 6:30 por el sureste", preguntó Penchi.

-"No tengo comunicación, pero sí hemos podido ver por Internet la ferocidad de los vientos y el impacto en la infraestructura", respondió el joven mandatario.

-"*¿Tiene informe de marejada ciclónica?*".

-"Sí. Hemos estado recibiendo informes. Inclusive, un tanto más alto de los esperado. Más alto de los cinco pies, dicen que es la marejada ciclónica", respondió Rosselló.

-"*¿Tiene algún informe de personas fallecidas o de lesionados, y del área de Toa Baja?*", preguntó Penchi.

-"Sobre Toa Baja podemos decir que están ahora mismo atendiendo la situación. Sobre lesionados o personas fallecidas, eh…, bueno… Eh… No. No tenemos nada. Lo estamos solicitando, pero entendiendo la complejidad de que no hay comunicación, pues no hemos tenido informes de esos incidentes. Pero… ciertamente, con lo peligrosa que es esta tormenta, estaremos pendiente".

-"*Gobernador, le habla Ismael Torres. Con relación a esto de los refugiados, hemos estado toda la noche insistiendo en el punto de la urgencia de que las personas que vivían en lugares con posibilidad de inundaciones se movieran. Pudimos hablar con algunos alcaldes que dijeron que tuvieron buenas respuestas. Otros, como las alcaldesas de Loíza y Canóvanas, nos dijeron que habían tenido resistencia, y las personas se habían quedado en sus hogares. ¿Se quedó mucha gente en estructuras frágiles, y ya es imposible irlos a rescatar? ¿Tienen idea de la gente que se quedó?*," preguntó Ismael.

-"Nuestra expectativa es que todo el que haya escuchado el mensaje, esté protegido. Puse en efecto la Ley 211 para que la gente saliera. Para proteger niños y ancianos. Nuestra experiencia es que en la medida en que iban los alcaldes y la policía, la gente se movía a los refugios. En cuanto a que hay poca gente refugiada, aprovecho para aclarar algo. A veces los números dan la falsa impresión que son pocos los que se movilizaron, pero recordemos que muchas personas no se quedaron en los refugios porque se fueron con sus familiares. Así que, por lo general, la gente se movió y se protegió", aseguró el gobernador.

-"*Gobernador, el componente de seguridad y de emergencia del país depende del mismo sistema de comunicación que depende la ciudadanía, lo que significa que la comunicación es limitada. ¿Le parece que hay que repensar esto de depender exclusivamente de teléfonos celulares y de Internet para mantener comunicación en un momento de emergencia como éste señor Gobernador?*"

-"Bueno, hay varios mecanismos. La radio ahora mismo es el mecanismo más poderoso y es lo único que está. Ustedes allá en Wapa, y agradecemos su labor. Pero les digo que vamos a tener alcaldes en los cuarteles de la policía y desde allí, en la medida en que culminen los vientos, nos van a informar. También aprobé un sistema, la red *First Net*, que va a garantizar ancho de banda de comunicación y los 'respondistas', van a poder responder mejor. O sea, es para garantizar que aquellos que atienden la emergencia, puedan comunicarse", expresó Rosselló.

-"¿Pero el hecho de que usted depende de información de una hora atrás, es decir, que usted no está siendo informando en tiempo real porque hay problemas con comunicaciones, no es algo preocupante?", insistió Jesús.

-"Bueno, hay distintos datos, y algunos se van agregando, dependiendo del dato. Tenemos un COE recibiendo información. Hace una hora y media el director de Manejo de Emergencias informó al país. Todo está fluyendo", dijo Rosselló.

-"¿Algún mensaje adicional para las personas que le están escuchando?", interrumpió Penchi.

-"La recomendación es que no salga. No hay nada que mirar ni que hacer afuera de sus casas o de su refugio. La razón principal de pérdidas de vidas en este tipo de emergencias no son los vientos. Son las inundaciones. Por lo tanto, mi exhortación fuerte es que se queden guarecidos".

-"Yo sé que no es común que un periodista diga esto, pero... Dios le bendiga", dijo Penchi.

- "Dios los bendiga a ustedes", respondió el gobernador.

-Se escuchó a alguien inhalando profundamente. "Vamos a una pausa por favor", dijo Jesús.

Al regreso de la pausa, Ismael entró al aire comentando que muchas personas no obedecen las recomendaciones de que tienen que salir de las zonas inundables.

-"Son personas que ponen en riesgo la vida de todos los demás. Cuando hay una emergencia, es mejor prepararse. Estas situaciones no se pueden dejar al margen. Si tiene duda de que el lugar donde estaba no era seguro, tenía que mudarse. Hay que ser justo. En Carolina hubo una buena operación para identificar personas, pero si usted no se movió a tiempo, no puede pretender que lo vayan a rescatar en medio del huracán", dijo Ismael. "Vamos a tratar de seguir atendiendo las llamadas que puedan entrar, porque no hay servicio telefónico en muchas áreas. Buenas noches ¿con quién hablamos?".

-"Todavía estamos bajo aviso de tormenta tropical. El huracán no ha salido del área este. No es momento de recriminar a las personas si salieron o no de las casas. Es momento de resolver y ayudarlos", dijo Jesús, pero dejó la oración al aire; interrumpió, porque se escuchaba que alguien le está hablando fuera del aire. Y entonces dijo "Dime Yolanda, abre el micrófono que no te entiendo".

Yolanda respondió: "Tenemos un miembro de la Policía que estaba escuchando la situación del señor que llamó para alertar sobre sus padres en Carolina y quiere ir al aire".

-"Claro. Dígame. ¿Con quién hablamos?", preguntó Jesús.

-"Es que no teníamos conocimiento del caso ya que en los cuarteles no hay ni servicio eléctrico ni nada de comunicación. No hay teléfonos, pero era para ver si nos puede repetir el caso", dijo el policía.

-"Es en la urbanización Lomas de Carolina, detrás de la corte de Carolina. El hijo se comunicó con nosotros y el señor vive en los Estados Unidos, en Nevada", dijo rápidamente Jesús.

-"Nos comprometemos en hacer lo más que podamos y les vamos a decir a ustedes. Si me puede dar el número de ese hijo, fuera del aire", pidió el oficial.

-"Si. Oficial, gracias. Esperemos que resuelvan la situación y el matrimonio pueda ser rescatado", dijo Ismael. "Yo no veo el sol desde ayer. Esto es un caso que le parte el corazón a uno. Pero es un caso para puntualizar que esto es una emergencia y que debemos aprender de estas experiencias"

Como a la media hora, volvió Jesús al aire.

-"Perdona Ismael que vuelvo a interrumpirte. Manejo de Emergencias de la Carolina escribió un correo electrónico que van de camino a rescatar a los padres de ese señor. Gracias al agente Gómez y a los empleados de Manejo de Emergencias Municipal de Carolina. Rescataron al matrimonio de septuagenarios, sanos y salvos. En efecto, estaban en el techo de su residencia. La zona se había inundado y es la primera vez que ocurre. No tenemos más información por el momento", dijo Jesús.

-"Son las doce de la noche, en esta noche de huracán. Esto es la Cobertura Especial de Wapa Radio", dijo Penchi.

La voz de la cobertura especial: Entrevista a Jesús Rodríguez García

Varios días después del huracán, Jesús Rodríguez García llegó una de las tardes hasta la emisora, y como solía hacer, se sentó en el borde de unas de las sillas.

Estiró las piernas, envueltas en ceñidos mahones azules, y las cruzó, a la vez que estiraba los brazos y los colocaba detrás de la cabeza, como si fuera a dormir. Solía ponerse en esa posición siempre que entraba al estudio después de un día largo.

Eran como sus minutos de descanso diario, pero se olvidó que él no tenía el dominio absoluto de las preguntas, y allí estábamos varios curiosos mirándolo. Estábamos por ir al aire en el programa de la noche, y las cinco personas allí reunidas, rápido lo acribillamos en un breve interrogatorio. Las preguntas eran lógicas, porque apenas habían pasado dos semanas después del incidente en Levittown.

-*"Llegó el gran Jesús Rodríguez García, el héroe que salvó sobre 700 vidas de morir ahogadas en Levittown",* dijo el médico psiquiatra Alfonso Madrid.

-*"Yo no soy héroe ni nada. No salvé a nadie. Yo estaba haciendo mi trabajo, atendiendo las llamadas que entraban porque no teníamos ni luz ni Internet, y la gente era la que estaba diciendo que el agua estaba subiendo",* dijo Jesús.

-*"¿Qué tú dices? ¿Qué no has salvado a nadie? Pero sí lo hiciste Jesús",* comento yo.

-*"No. Porque yo, sencillamente, estaba atendiendo llamadas del público diciendo que en Levittown la gente estaba en los techos, que había personas en camas sin moverse, y que el agua estaba subiendo rápido. Yo comencé a hacer un llamado al gobierno para que reaccionara. Fue desesperante porque nadie en el gobierno contestaba. Después llamó Yenniffer (Álvarez Jaime, quien es la Secretaria de Prensa en La Fortaleza), y nos dijo que ya el gobierno tenía conocimiento, que estaban atendiendo la situación y que iban hacia allá. No sé si fue que se enteraron por mí o porque* estaban oyendo los titulares en Wapa Radio, o los llamó alguien internamente", recordó.

-"¿Pero tú estás consciente de que, si no hubieras hecho ese llamado, a lo mejor no se enteraban?", le pregunto de nuevo.

-"Pues, no sé. Es posible. Lo que sí fue importante es que esa gente recibiera la tranquilidad y la esperanza de ser salvados cuando escucharon por Wapa Radio la voz de Yenniffer Álvarez Jaime decir que ya el gobierno tenía conocimiento, y que el Gobernador iba para allá junto a la Guardia Nacional. Creo que eso sí es importante, porque eso le da tranquilidad a la gente. Desesperante para mí fue el proceso ese de esperar y oír a la gente llorando, sin saber si los iban a rescatar", agregó Jesús.

-"Si no hubieras tomado en serio esas llamadas, quizás otra fuera la historia. Ese es el olfato periodístico, lo que te permitió distinguir entre una situación común, y la emergencia que había en verdad", comentó la periodista Ada Jitza Cortés.

-"No, no era olfato periodístico ni ocho cuartos. Era solidaridad humana. Era gente, eran seres humanos que estaban en peligro, y uno hace lo que puede para ayudar. ¿Eso no lo hubiera hecho cualquiera?", preguntó el reportero cidreño.

-"No. A otros no les hubiera importado", contestó Ada Jitza.

-"No. Gente que no tiene sentido común, probablemente no lo haría", dije yo.

-"Pues, para mí no lo sé. Es lo más normal. La gente hace o interpreta lo que quiera", sentenció.

-"Jesús, tienes que reconocer que a los periodistas les pasa igual que a los policías o a los rescatistas. Son gente que forman parte en una emergencia como lo es un huracán, y lo que experimentan es traumático. Son personas que siguen haciendo su trabajo sin parar, y siguen funcionado como si nada, pero por adentro llevan ese dolor. Tienen ese malestar. Se quedan como en esa espera de lo imprevisto, y tú lo tienes. Yo te veo y es lo que veo en mis talleres", intervino la doctora Leticia Ubiñas, psiquiatra de amplia trayectoria en América Latina y que estaba de visita por la isla en esos días.

-"Yo pasé el huracán encerrado en el baño de mi casa, sin saber de mi familia que estaba por otro lado y lo único que escuchaba era la voz de Jesús en la radio. Cuando pasó lo de Levittown, para mí fue traumático el no saber si el gobierno sabía o no que había gente en peligro, porque no respondían. Uno oyendo los ruidos de viento golpeando, y en la radio a la gente que llamaba, era angustiante. Era como si iba a ser inminente que iban a morir, y el gobierno no respondía", dijo el doctor Madrid.

-"Imagínate lo que sentíamos nosotros aquí en el estudio, que no podíamos salir, no había Internet y no teníamos respuestas de las autoridades", respondió Jesús.

-"¿Te consideras un héroe por lo que hiciste, o héroes fueron el gobierno y los rescatistas?", pregunté.

-*"Yo no soy ningún héroe. Héroes son los que salvaron a esas personas y los sacaron del agua, y de esa situación de peligro... Oye... ¿tú me estás grabando?"*, me preguntó, fingiendo un exagerado asombro.

-*"Sí. Para que no se me olvide lo que dices, y para copiar palabra por palabra. Te lo había dicho antes, que te iba a grabar. No te hagas"*, contesté, riendo. Entonces Jesús se incorporó en la silla, movió la cabeza de un lado a otro, y sonrió con una de sus sonrisas típicas.

-*"Eres terrible"*, me dijo, sonrojado.

-*"Fíjate no. Yo lo que quiero es que esto no se olvide. Que el que lo lea algún día, recuerde que el verdadero periodista siempre lleva consigo el espíritu de servicio, de ayudar a los demás"*, le contesté sonriendo, sabiendo que él se sentía avergonzado.

-*"Bueno, que la gente interprete y diga lo que quiera decir. En honor a la justicia, y la verdad, creo que fue bueno que el gobierno se enteró de la manera en que fue, pero no creo que lo que hice fue heroico. Lo que yo hice lo hubiese hecho cualquiera"*, respondió Jesús.

Yo sé que no cualquiera tiene el temple ni la sagacidad. En momentos de crisis es cuando se prueba quién de verdad tiene los quilates y la vocación. No cualquiera puede ser un verdadero periodista. La excelencia se demuestra en el momento de la necesidad. Ahí es que se cumple el verdadero oficio de servir, informar, educar, fiscalizar, y más que nada, relatar los hechos tal y como acontecen.

Jesús Rodríguez García sí fue la voz de la cobertura especial.

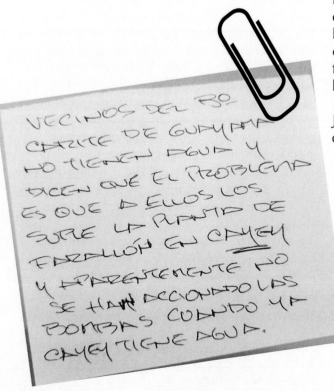

Sandra D. Rodríguez Cotto

Manolo tarareaba un bolero

Abrió la puerta de cristal con suavidad pasmosa y lo miré. Inexorablemente llegaron a mi mente las coplas de esos boleros que ponía mi abuela en el tocadiscos de su sala, cuando de la vieja bocina salía la voz casi llorosa de un Felipe Rodríguez, o quizás de Daniel Santos. Cantaban sus historias de amor en tres minutos, lo que dura un bolero.

La realidad me trajo de vuelta a lo que tenía de frente en cuestión de segundos. Miré al hombre que abrió esa puerta de cristal con delicadeza y la cerró al entrar, mientras me sonreía con la boca y con los ojos, pero había algo raro en él. No era la sonrisa típica del que viene a anunciar algo o a pedir ayuda. Había algo más en ese señor que acababa de llegar. Lo sentí en la piel.

Pelo rizo, desaliñado, parecía que hacía más de una semana que no se bañaba. No me sorprendió su aspecto, porque hacía apenas un mes del huracán María, y en muchos sitios todavía no había agua, pero era algo más. Vestía un *jacket* militar, de esas fatigas verdes que usan los soldados americanos. Era un señor mayor, canoso y con cara cansada, pero con ese brillo especial en los ojos, que cuando miran, cautivan y a la vez dan miedo.

-"¿Tú eres Sandra verdad? ¡Hola!", me dijo sonriendo y acercándose al cristal, que es lo único que divide el interior de la estación de radio de la calle. "Soy Manolo, y estoy buscando al doctor Madrid porque quiero hablar con él".

-*"Buenas tardes Don Manolo. El doctor no ha llegado, pero está por llegar en cualquier momento. ¿Le puedo ayudar en algo?",* le pregunté desde el otro lado del cristal.

-"Yo te escucho todas las noches", dijo sonriendo, y yo le devolví la sonrisa. *"Es que necesito hablar con alguien y él es psiquiatra".* Así comenzó la perturbadora conversación.

-*"Pues esperemos un ratito. Le busco un vasito de agua en lo que espera, ¿está bien?",* le pregunté, y él asintió, y se sentó en una de las butacas de la esquina, en la minúscula sala de espera que parecía más bien un almacén, entre cajas de ropa, agua, tampones y bolsas llenas de latas de comida. Era de lo que traían como donativos para los radioescuchas en necesidad y que nosotros repartíamos al que lo necesitara.

Rápido busqué el agua y abrí la puerta de madera y cristal para dársela, mientras me sentaba a su lado.

-"Yo tengo el corazón roto Sandra", me dijo. "Y por eso necesito hablar con el doctor".

-*"No se preocupe Don Manolo, que en la vida todo tiene solución. Déjeme ir al control a ver si logro llamarlo por si pasa la llamada telefónica, pero usted sabe cómo están los teléfonos que no sirven",* le dije, como queriendo estirar el tiempo. Y Don Manolo empezó a tararear una canción que no descifro, pero sé que ya la he escuchado antes. Sé que es un bolero de esos viejos, de los que escuchaba mi abuela Sara. Lo miré, él sonreía mientras tarareaba, y yo entré corriendo al cuarto del máster control y le dije a Israel en el control: *"Allí en el lobby hay un deambulante y está raro".*

En eso, como por arte de magia abrieron la puerta del estudio, y era el psiquiatra Alfonso Madrid. Venía sonriendo, feliz de la vida. *Chillin',* como dice mi sobrino. Casi pensaría que venía cantando y feliz. Su olor a esa colonia varonil impregnó el pequeñísimo salón, pero su sonrisa se esfumó tan pronto le conté que ese señor que estaba afuera, lo

esperaba. Salí entonces de nuevo al lobby, pero esta vez con Alfonso y dije:

-*"Don Manolo, le presento al doctor Madrid para que hable con usted. Le pido que sea un poco breve porque tenemos que ir al aire ahora mismo. Estamos Alfonso y yo solos porque Ada Jitza no viene hoy",* le dije, diciendo adiós con la mano. Él sonrió y empezó a hablar con Alfonso.

Yo entré al estudio. Hice todo el primer segmento del programa. Pasé al segundo segmento, y no entraba Alfonso. Pedí una pausa y le dije a Israel: *"Pon una grabación en lo que resuelvo esto",* y salí al lobby. Allí estaba Alfonso con cara consternada. Don Manolo era un caso extremo, de esos para los que no se está preparado.

-"Vengo a decirles que voy a matar a mi amante. Mi nombre es Manolo, no se olviden", dijo. Yo quedé petrificada en el marco de la puerta, mientras Alfonso me hacía gestos con la cara, que yo no entendía.

-*"Miren",* dijo de nuevo Don Manolo, mientras abrió una bolsa plástica que parecía de un colmado. **"Aquí en esta bolsa tengo el serrucho con el que le voy a cortar la cabeza. A lo mejor es difícil, pero espero que se quede con los ojos abiertos para enterrarla así, con la cara de miedo, por maldita".**

Yo di un paso atrás, y Don Manolo me sonrió. Siguió sentado al lado de Alfonso, quien estaba hablando con una tranquilidad pasmosa.

-*"Ya le he dicho Don Manolo, que las cosas se resuelven hablando. No se precipite",* dijo Alfonso.

-"Cuando le corte la cabeza, voy a coger el cuerpo y lo voy a enterrar en Santurce, pero la cabeza no. Esa todavía no sé si la lleve a Salinas o la entierro en el patio. La idea es que nunca la puedan encontrar porque ha sido mala conmigo. Le compré un celular y ella se desapareció. No me contesta las llamadas", seguía Don Manolo con sus delirios celotípicos, característicos de un esquizofrénico, pero yo no sabía nada de esos diagnósticos. Para mí, él estaba loco de remate.

-*"¿Desde cuándo no se toma sus medicamentos?"*, le preguntó Alfonso con su santa calma, y él contestó algo bien suavecito, a su oído.

Yo estaba a punto de un ataque de nervios y le dije, lo más tranquila que podía: *"Don Manolo, no se ponga así. Su esposa quizás está incomunicada".*

-"¡Ella no es mi esposa! Mi esposa vive conmigo hace 22 años. Ella es mi amiga, mi amante hace como nueve años y mi esposa lo sabe... pero me da coraje que después que cogió mis chavos no aparece", me interrumpió.

Yo pensé 'claro, un típico machista que tiene esposa, pero a quien quiere cortarle la cabeza es a la amante', pero no dije nada. No sabía qué decir.

-"Es ese dolor de sentir que no me quiere. Ni me contestó una carta que le escribí ni el mensaje de texto", dijo Don Manolo.

Yo, nerviosa, lo único que se me ocurrió decir fue *"No creo que tenga otro hombre. Debe ser que no hay forma de comunicarse por teléfono".*

-"No. Ella me engaña", sentenció el señor.

-*"¿Usted piensa hacerle daño a esa persona y después suicidarse? Don Manolo eso no es necesario. Mire que la vida es hermosa"*, le dije hablando como una cotorra. Él me volvió a interrumpir. Alfonso me abría los ojos.

-"No, yo no me quiero suicidar. Yo la mato a ella, por falsa, por infame", dijo.

-*"Eso está mal. No es la forma de resolver el problema"*, lo regañé, estoy consciente de ello, pero me callé tan pronto Alfonso me miró y me hizo un gesto. Entonces siguió él hablándole a Don Manolo, y yo solo dije: *"Ah, pues espérese un momentito a ver si consigo agua"*, y corrí al control, a llamar al hospital psiquiátrico más cercano y al 9-1-1 a ver quién aparecía. Israel y yo llamábamos frenéticamente por los celulares y por la única línea telefónica que funcionaba en ese momento.

Por suerte, unos paramédicos respondieron y en cuatro minutos ya habían llegado a la emisora a atender el caso, mientras en el aire seguía una repetición de una entrevista que había hecho en la mañana César Fiallo al Comisionado de la Policía, Héctor Pesquera. La habían pasado varias veces ese día, pero no me importó que la repitieran de nuevo. Los paramédicos le dijeron que se fuera con ellos, y Don Manolo, tranquilamente accedió. Quizás demasiado tranquilo para mi sentir. Eso me dio más miedo porque era como revivir una escena de la macabra película *Silence of the Lambs*.

-"Me voy, pero la buscaré", me dijo, mientras se levantaba de su silla con la misma pasmosa suavidad con la que llegó aquí, sonreía y seguía tarareando esa canción. Yo estaba segura de que era un bolero que escuché en mi niñez.

Y salió así no más. Se lo llevaron, y nosotros entramos al estudio para terminar el programa.

-*"¿Qué pasó Alfonso, por qué no me dijiste?"*, pregunté sorprendida.

-*"En mis más de 30 años como médico psiquiatra, hoy es uno los días más difíciles que he tenido. Este señor llegó a expresar que quería matar a otra persona... La mente humana produce los pensamientos más inverosímiles. Es fuerte para uno como médico y psiquiatra el ver estos casos. Primero porque no lo conoces, y segundo, porque no es tu paciente"*, dijo Alfonso. De aquella sonrisa que trajo cuando entró ya no quedaba nada y se le notaba que tenía dolor de cabeza. *"Creo que me empezó una migraña. No puedo salir al aire ahora mismo"*.

Así que entré. *"Son las 8:30 de la noche y esta es Wapa Radio, vamos a una pausa"*, dije, sin presentarme. Me acordé de la canción aquella. Fue un éxito de Felipe Rodríguez titulado "La cárcel de Sing Sing".

Ayer yo visite la cárcel de Sing Sing
y en una de sus celdas solitarias...
Un hombre de rodillas
imploraba al Redentor
Piedad, Piedad de mi, Oh gran Señor

Más cuando me miró, a mí se abalanzó
y con voz temblorosa, entrecortada...
Me dijo, escucha hermano,
esta horrible confesión
Aquí yo condenado a muerte estoy...

Minutos nada más, me quedan ya por
respirar
La silla lista está, la cámara también
A mi pobre viejita, que desesperada
está
Entréguele este recuerdo de mi...

Yo tuve que matar a un ser que supe
amar
Y que a pesar de muerta yo la quiero
Al verla con su amante a los dos yo
los maté
Por culpa de esa infamia moriré...

Minutos nada más, me quedan ya por
respirar
la silla lista está, la cámara también
A mi pobre viejita que desesperada
está
entréguele este recuerdo de mi...

Yo tuve que matar a un ser que supe
amar...
y que a pesar de muerta
yo la quiero...
al verla con su amante a los dos yo
los maté...
por culpa de esa infamia moriré...
por culpa de esa infamia moriré...
por culpa de esa infamia moriré...

Eres un pollito

-*"Buenas noches, o, mejor dicho, buenos días porque estamos de madrugada. Esta es Wapa Radio y son las tres de la mañana. Les saluda Sandra Rodríguez Cotto, y estoy con la compañera Ada Jitza Cortés, que salió un momento del estudio y ya mismo viene con un cafecito, pero vamos a tomar sus llamadas telefónicas. Aquellas que puedan entrar. Para eso estamos. Para escucharlos y tratar de canalizar sus peticiones. Sé que estamos a oscuras en gran parte del país, y que hay un toque de queda, así que me imagino que hay muchas personas en sus casas oyendo la radio. Si por casualidad tiene servicio telefónico, nos puede llamar a la única línea que funciona desde el huracán, el 787-689-0050. Aquí estamos, y Yolanda Ramos está en el control pasando las llamadas. Empezamos. ¿Hola, quién me habla?".*

-*"¿Sandra eres tú?",* me dijo una voz de hombre.

-*"Sí, soy yo, buenas noches. ¿Con quién hablo?".*

-*"Ah, mi nombre es Jorge. Jorge Fernández. Es que yo quería hacerte una pregunta Sandra, una consulta".*

-*"Dime".*

-*"¿Tú crees que yo me debo ir de Puerto Rico o me debo quedar? Es que estoy pensando qué voy a hacer. Mi esposa está en el carro, porque está cargando el celular y ahí te estábamos oyendo, pero yo salí a llamarte".*

-*"¡Ay, yo no me atrevo a contestarte esa! Eso es una decisión muy personal Jorge. Eso de irse o quedarse va a depender de ti, y de tu circunstancia particular. Yo tengo mi opinión sobre el tema, pero no me atrevo a decirle a la gente qué debe hacer. No es mi lugar porque cada persona es un mundo y tiene sus situaciones. Pero déjame preguntarte algo, ¿qué edad tú tienes, porque te oyes bien joven?".*

-"Yo tengo 22 años".

-*"¡Ay si tú eres un pollito! Mijo, tú estás empezando a vivir.*

Eres un bebé", le dije y los dos comenzamos a reír.

-"Ja... Esta es la primera vez que me río en casi dos semanas Sandra. Gracias".

- *"Pero amigo, si es que eres un bebé. Con 22 años estás empezando. ¿Verdad Ada Jitza?"*, le comenté a mi compañera en los micrófonos, quien se incorpora después de colar un poco de café.

-*"Claro. A los 22 años uno tiene el mundo de frente. Estás empezando a vivir querido y puedes tomar cualquier decisión"*, le dijo Ada Jitza.

-"De verdad que me has hecho reír Sandra con eso de bebé y pollito", dijo el radioescucha.

-*"Es que lo eres. Un pollito, que tienes toda tu vida por delante y te vas a comer al mundo, ya verás"*, le dije.

De pronto, del otro lado del teléfono sale un sollozo. Era como un gemido apagado, tenue, pero cargado de emoción. Ada Jitza y yo nos miramos en silencio, esos segundos que en la radio parecen horas eternas. Quedamos petrificadas, enmudecidas. Mirándonos. Entonces él habló.

-"Si supieras Sandra. Esta es la primera vez que me río en casi dos meses. Yo te llamé, no sé por qué lo hice. Creo que por tu voz que es la única que se oye por las noches, y si no te conseguía, no sé qué iba a pasar. Yo estaba a punto de quitarme la vida hoy mismo. Ahora mismo", me dijo.

-*"Jorge, ¿qué dices querido? ¿Cómo va a ser mi amor?"*, y no puedo, las lágrimas empiezan a bajar. *"Tú no me puedes hacer eso a mí. No. No puedes. Te oigo"*, le dije. Ada Jitza me apretó la mano y empezó a hablar rápidamente.

-*"Jorge, aquí estamos. La vida es importante. No digas esas cosas porque estamos aquí"*, dijo Ada Jitza.

-*"Jorge, yo estoy aquí para ti. Dime cómo te puedo ayudar. ¿Estás ahí? ¿Jorge?"*, dije, casi con el corazón en la boca. No queríamos dejar de hablarle.

-"Si, estoy, no me he matado todavía, pero ganas no me faltan", dijo.

-*"Por más difícil que sea el problema, siempre se puede solucionar y te ayudamos. Le damos la vuelta, ya verás. Mira Jorge..."*, dije, pensando que colgó.

-"¿Qué?", me dijo.

-*"Yo también he estado a veces con problemas bien serios y he pasado mucho dolor en esta vida, bien fuerte, pero no me rindo"*, dije, con las manos temblando, pero atenta a que no se cortara la comunicación.

-*"Y yo tampoco"*, dijo Ada Jitza. *"Mi marido falleció repentinamente, y fue fuerte, pero estoy aquí"*, añadió ella, llorando igual. *"No te desesperes"*.

-"Mira Ada ¡wow! Lo siento. Ada y Sandra es que yo llevo más de un año tratando de conseguir trabajo. Tengo esposa y un bebé, pero no consigo nada. Limpié patios, trabajé en mantenimiento, y el dinero no me da. Estoy desesperado desde el huracán.

Tengo hambre", dijo. Casi me lo puedo imaginar, desesperado.

-*"Amor, ¿dónde estás? ¿Dónde está tu esposa?"*, pregunté con cuidado, sabiendo que hay quizás miles de personas escuchando por la radio y pensando lo peor, si me dicía que algo le había pasado a ella.

-*"Ella está en el carro. Está bien, durmiendo. Yo me salí del carro para que ella no me oiga. Estamos en Carolina"*, dijo, sollozando.

-*"Ah pues estamos cerca. Calma, no llores que me vas a hacer llorar a mí también y soy una llorona. Yo llego y te buscamos, pero no cometas un error. Dime algo Jorge, ¿tú tomas algún medicamento?"*, pregunté, con miedo.

-**"Sí, es que no tengo receta, y como pasó este huracán llevo tres semanas sin tomarlo y esto me tiene mal"**, dijo, cambiando el tono de voz. Ahora sonaba más agitado.

-*"¿Tú te fijas? Ese es el problema con el gobierno que no está atendiendo a la gente. ¿Dónde rayos está el Secretario de Salud? Después me molesto y entonces dicen que soy una exagerada"*, dije, sin pensar que me están escuchando al aire.

-*"Por eso mismo te llamé Sandra, porque tú te agitas y sé que vas a ayudarme"*, me dijo, como si estuviera sonriendo.

-*"Pues claro que te vamos a ayudar ahora mismo. Mira lo que vamos a hacer Jorge, pero me tienes que prometer que no vas a colgar. ¿Estás ahí?"*, pregunté.

-*"Sí, Sandra, no me voy"*, me dijo.

-*"¿Me lo prometes?"*, pregunté.

-"Sí".

-*"Voy a irme al control y voy a hablarte en privado para que la gente no escuche tus situaciones personales, y vamos a resolver esto ahora mismo. Mira, el Doctor Madrid no vino hoy, pero sé que te vamos a ayudar. No te vayas que voy caminando... Y recuerda, que tú eres un pollito"*, le dije mientras Ada Jitza le repitió que no se fuera. Él se rió.

-Sí..., dijo, y en menos de dos segundos corrí al estudio a tomar la llamada para seguir hablándole.

Cuando finalmente me describió el lugar exacto en donde estaba, lo dije en voz alta para que se le pudiera dar la información a un paramédico que contactamos. En cuestión de 20 minutos que para mí fueron como tres horas, llegó donde Jorge, junto a un doctor voluntario que solía visitar la emisora. No tuve que salir de Wapa Radio porque Jorge mismo me indicó que habían llegado a ayudarle.

De esa solitaria calle donde estaba sentado en el bonete del carro mientras la esposa esperaba adentro y el bebé dormía, lo llevaron hasta un hospital psiquiátrico que queda cerca de la estación.

Al día siguiente, supe por una señora que me visitó, que esta no era la primera vez que Jorge tenía ideas suicidas, ya que desde adolescente tenía problemas de salud mental. Ella era su tía política y su familia llevaba años atendiéndolo.

Es irónico pensar que se puede lidiar con la vida y la muerte, en vivo. Eso no se enseña en las escuelas de periodismo. Sin embargo, como se supone que el periodismo sea para relatar los hechos tal y como acontecen, creo que precisamente eso fue lo que pasó. Lo único que no fue un relato nuestro, sino que el público lo escuchó en la voz de su actor.

¿Por qué me tocó esto a mí? eso nunca lo sabré. Solo espero que nunca más me pase, porque no soy psiquiatra ni psicóloga para bregar con estos casos. Confieso que ese caso de Jorge, cuyo verdadero nombre no es ese, me afecta hasta el día de hoy.

Leí días después de esa llamada, que cuando uno tiene de frente a una persona con deseos de suicidarse, no se le debe regañar, ni tampoco decirle que hay gente con mayores problemas.

No fue mi intención dañarlo, sino protegerlo y eso se logró al final. Después de todo soy humana e inexperta en temas de salud mental. No puedo controlar los pensamientos y sentimientos de los demás, pero sí la forma en que reacciono. Sé que cuando una persona se siente tan desesperada es capaz de llegar a ese nivel, lo más conveniente es ayudarlo sin juzgarlo. No dejarlo solo.

Mantener la conversación hizo la diferencia, aunque espero jamás tener que volver a enfrentar algo así.

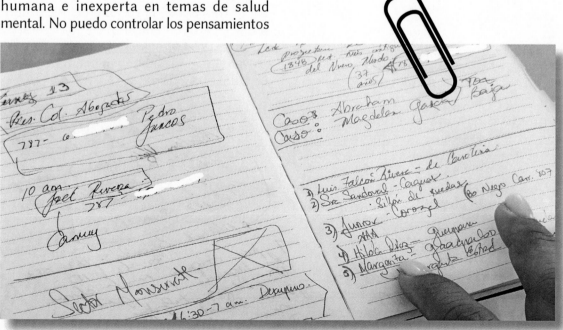

Diario del huracán

Hago un llamado como ciudadana y estudiosa de los medios: trabaje y no caiga en eso de crear miedo e histeria. #HayMuchosEnEsas

martes 19

Buenas noches, porque siempre hay algo de buenas, aunque en esta oscuridad, la gente ha entrado en histeria total. Viene un huracán. Es un monstruo grande, fuerte, asesino y destructor. De eso no nos puede caber la menor duda. No podemos perder el foco porque entonces cometemos errores. Señor o señora, su vida vale más que lo material. No se quede en un lugar inseguro. No provoque. No le haga daño a los demás. Si se tiene que ir de su casa, váyase. Todos tenemos que poner de nuestra parte. Aseguremos lo que tenemos, pero sin perder de perspectiva que las construcciones hoy no son las del pasado... Si usted no vive en un área inundable, a resguardarse con los suyos y tengan calma. Dios nos protegerá.

—•—

Los meteorólogos y algunos periodistas ya lo advirtieron. Ahora nos toca protegernos, y ser solidarios una vez esto pase. #Calma

—•—

México, Puerto Rico y el Caribe. Hoy la Madre Naturaleza nos habla duro. Me refugio en el silencio, la oración y la meditación.

Me ha gustado la proyección del Gobernador Ricardo Rosselló. Ahora menciono a la alcaldesa Carmen Yulín Cruz. #Elocuente

Esperemos que este huracán no sea tan terrible y que la gente les haga caso a las recomendaciones de ambos políticos.

—•—

A esta hora no hay información del huracán en los medios de comunicación para las personas de la comunidad sorda. No tienen intérpretes. ¿Quieren? Los conecto. Pero claro, si los oyentes no importan para los políticos ¿qué carajo les va a importar un sordo? ¿Un ciego? ¿Una persona con impedimentos? Nada. No les importan. No les encuentran valor. Importan si los vendo como votantes, como electores que deciden e inclinan las balanzas. Solo entonces son gente para los malditos políticos.

20 DE SEPTIEMBRE 2017

Día del huracán. Mi corazón sufre de miedo. La comunidad sorda está abandonada y desprovista de información porque los medios de comunicación en este país discriminan. No tienen intérpretes de lenguaje de señas. Si algún medio interesa atender a esas 150,000 personas, les puedo conectar con intérpretes para que comuniquen sus titulares por la *web* o en Facebook en esta emergencia. ¡La vida de los sordos también corre peligro! Es importante que estén orientados y comprendan la magnitud de este huracán.

—•—

Sigo jodiendo por los sordos. Son gente. Importan. Me importan a mí, aunque para muchos sean invisibles. FEMA trae 1 sordo de EEUU y junto a 2 intérpretes locales, trabajarán 24/7 hasta el 17 de octubre en el reconocimiento post-huracán.

—•—

Mientras jodo en las redes sociales, y lloro encerrada en un baño para que no me vean, mi hija Mariela ronca, y Mami, Papi y el perro, están nerviosos. Y yo, con un calor de puta madre, haciéndome la fuerte. Tengo que ser la roca, pero sé lo que viene. Lo he visto en tantos otros sitios. Dominicana. Haití, México, Louisiana.

—•—

Son apenas las 8:44 de la mañana. Soplan fuertes vientos, que aúllan, como lobos, buscan sus presas. O como espíritus malignos buscando las almas que se van a llevar. A reclamar. A exigir. Vuelvo y aterrizo en mi esquina de Guaynabo City. Veo por las ventanas de cristal sin tormenteras que se voló parte del techo de la terraza. Se metió el agua por las ventanas. Sé que los árboles se están partiendo. Oigo sus troncos llorar y gemir cuando se quiebran. Pero aquí, estamos vivos.

—•—

Un maratón de emociones corre dentro de estas cuatro paredes. Miedo. Coraje. Esperanza. Sueños. Tanto miedo que me hace temblar. Se acaba de romper una ventana. Escucho una puerta de metal dando tumbos. *Bum, bum, bum.* Papi la dejó abierta. Papi quiere ir a cerrarla. ¡Papi no se te ocurra salir a la marquesina con ese ruido! ¡Papi, déjala que se va a romper! ¡Papi no salgas!

Pero Papi salió. El viento casi lo arrastra. Me convertí en la Mujer Maravilla y le grité al viento que se calmara. Ese viento traicionero no me hizo caso y pretendía cerrar de golpe la puerta mientras mi padre intentaba detenerla. El golpe iba seguro para el medio de la calva, pero metí la mano, y con la fuerza invisible, la detuve. No lo golpeó. La cerré con mi muñeca. Soy *Wonder Woman.* Todo lo puedo.

—•—

¡Puñeta! ¡Qué dolor más cabrón! La puerta se me cerró en la muñeca, que se hinchó como si mil abejas la hubieran picado. No puedo mover la mano. Son las 7:20 de la noche y ya sé que no soy *Wonder Woman.*

21 DE SEPTIEMBRE 2017

Son las seis de la mañana y me trepé en el techo a destapar los desagües y a limpiar las porquerías que trajeron los vientos. Miro hacia abajo y uno de los cipreses se cayó en medio de la calle. Bajo y empiezo a moverlo. No sé cómo, si es de más de 20 pies de alto. Entonces pasa un vecino en una *pick-up* que alguna vez fue blanca, y me dirigió la palabra. "Mira, no hagas fuerza. Yo te ayudo", me dijo. Yo, con la mano ya llena de moretones por el portazo de ayer, no sentía ni dolor. Agarré una soga, la amarré al tronco del ciprés y el hombre lo arrastró con su *pick-up* hasta una esquina. Yo, pensé que era *Wonder Woman* e intenté cargarlo más a la orilla, pero recordé que tengo que calmar la adrenalina porque después me explotan los dolores.

—•—

Ahora miro y me percato que se cayó la parte de aluminio en el techo de la terraza. Me pregunto por qué a Mami le dio con poner aluminio si ya tenía una terraza gigante en madera, reforzada con buenos anclajes en columnas de cemento. Pero no, no bastaba. Había que hacerla más grande para las fiestas. El aluminio galvanizado no pudo con María. Y el que hizo ese techo no sirve. Entonces llegó la amazona mayor, esa que no se está quieta. Mi madre. Empezamos las dos a mover escombros, y a cargar el aluminio y los metales y los cristales y el hierro. A barrer y a pasar manguera. Las dos a arrastrar el dichoso techo de la terraza, entera, hasta afuera, a la calle. Juro que no sé cómo lo hicimos. Creo que tener la adrenalina en *high* es como meterse coca o algo así. Hiperactiva yo, más hiperactiva ella. Mientras mi padre nos mira molesto porque no lo dejamos mover. No se puede dar el lujo después de sobrevivir un cáncer. Nosotras sí somos *Wonder Women*.

—•—

No hay luz y se acaba de ir el agua. No hay teléfono y tampoco hay radio ni televisión. Guaynabo City salió del clóset y se revela, tal cual es. Sin maquillajes. Sin pretensiones. Hoy los guaynabitos tienen que aceptar que las cinco estrellas eran una pantalla. Seguimos siendo un poblado de provincia en una colonia subdesarrollada. Pero eso ya lo sabía.

Soy guaynabeña, no guaynabita, y hay una gran diferencia entre la una y la otra. La una es la advenediza, la que aparenta, la *new rich*, la que va en *leggins* a llevar a los niños al colegio y narra a boca de jarro dónde compró la cartera o cuántas veces va a esquiar a Colorado. La otra es la de aquí. La que llegaba al pueblo por la Carazo, antes de que existiera la Avenida Las Cumbres. La que siempre trabajó hasta en empleos de verano para conseguir sus cosas. La que no estuvo en la Margarita Janer, y sí en un colegio en Santurce, pero que aprendió bien de su entorno. La que estudió y aprendió, y tenía amigas que iban al Caparra Country Club, pero a ella no se le permitía entrar allí. La que siempre supo que en Guaynabo había más Santa Rosa, Canta Gallo, Guaraguao, La Paloma, Ríos, Camarones, Mamey y Sonadora que lo que hay de Garden Hills, San Patricio, Torrimar y Tintillo. La que sabía que empezamos en el 1508 y fuimos la primera capital, pero hoy 2017 estamos reducimos a escombros.

21 DE SEPTIEMBRE 2017

—•—

¡Qué horror, no hay ni radio! A Rubén Sánchez le explotó el estudio, o los cristales estallaron o se le fue la luz o se inundó. ¿Qué sé yo? No lo explicaron porque se fue del aire. Radio Isla se fue del aire. NotiUno se fue del aire. No había emisoras FM. La única al aire era la de "la Gran Corporación". La de los republicanos. La de los estadistas que al medio día ponen el himno americano y por las noches tenía el programa "Opine usted". Fue la única cadena que no salió del aire porque optó por mantener el sistema análogo cuando todas se movieron a lo digital. Voy al cuadrante 680 y sigo escuchando a Jesús Rodríguez García, con voz entrecortada por el cansancio. Quizás por la emoción de transmitir sin parar por más de 48 horas. Luis Penchi empieza a predicar. Dijo que Dios lo puso allí. "¿Qué es esto?", pienso yo. Es obvio que necesitan apoyo. Están cansados y no tienen personal. Decidí actuar. Mi casa estaba lista. Todos estaban bien. Me fui a Wapa.

—•—

"Llegué. Vine a ayudar en lo que sea", le dije a Doña Carmita Blanco, que hacía como 15 años que no me veía. Sorprendida, me dijo "¿Cómo llegaste? ¿Estás bien? Métete ahí" y me abrió la puerta del estudio. Yo pensaba que iba a escribir titulares, pero no. Me pusieron el micrófono en la boca. Son las 3:30 de la tarde y llevo ya seis horas transmitiendo en vivo por Wapa Radio, sin parar.

El legendario locutor Freddy Virella sigue transmitiendo ininterrumpidamente desde la Cadena Wapa Radio. Yo estoy deslumbrada mirándolo. Es grande. Evoco la época de oro de Alfa Rock.
Locutor Freddy Virella. Foto por Sandra Rodríguez Cotto.

Fui al vestíbulo y descansé, pero ya desde las 5:22 pm estoy de nuevo en cabina desde Wapa Radio trabajando para poner mi granito de arena en la reconstrucción de Puerto Rico. Me alegra que más de 50 periodistas respondieron a mi llamado, y se han unido a esta transmisión histórica.
Periodistas Jesús Rodríguez García, Robert García e Ismael Torres. Foto por Sandra Rodríguez Cotto.

Son las 10 de la mañana y el periodista Luis Pechi llevaba 40 horas sin dormir cuando llegaron varios líderes religiosos. Su esposa, sentada atrás a la izquierda, mira agotada, mientras la periodista Gloribel Delgado redacta titulares. Mi hija Mariela, presencia todo, callada, junto a D'Yauco.
Foto por Sandra Rodríguez Cotto.

22 DE SEPTIEMBRE 2017

Intento hacerme un "selfie" mientras los periodistas Jorge Gelpí Pagán y José Maldonado comentan los destrozos que vieron durante sus recorridos por Humacao y Santa Isabel. **Foto por Sandra Rodríguez Cotto.**

Son cerca de las cuatro de la mañana y el periodista Jorge Gelpí Pagán llegó, activado. Atrás está el periodista José Maldonado. **Foto por Sandra Rodríguez Cotto.**

En otra de las interminables jornadas de transmisión ininterrumpida, decidí hacerme un *selfie* para ver las ojeras y el cansancio en mi cara, mientras el periodista José Maldonado le hablaba a Luis Penchi y atrás, Ismael Torres intenta descansar. **Foto por Sandra Rodríguez Cotto.**

Los periodistas Jesús Rodríguez García y César Fiallo comentan al aire sus impresiones mientras observamos las periodistas Wilda Rodríguez, Eliza Llenza y yo. Creo que la foto la tomó Ismael Torres. Sí sé que eran las siete de la mañana, y Wilda y César acababan de llegar para relevarnos a Jesús, a Eliza y a mí.

Jorge Blanco narra cómo logró la histórica hazaña de mantener en el aire a la única cadena que siguió transmitiendo antes, durante y después del huracán, Wapa Radio. Observan el periodista Jesús Rodríguez García, el naturópata Norman González Chacón, el periodista Luis Penchi, y atrás, el ingeniero Wilfredo Blanco Pi. La Cadena Wapa Radio se compone de seis emisoras: WAPA 680 (San Juan), WMIA 1070 (Arecibo), WISO 1260 (Ponce), WVOZ 1580 (Morovis), WXRF 1590 (Guayama) y WTIL 1300 (Mayagüez). La cadena se mantuvo al aire porque Jorge y su padre, Wilfredo Blanco Pi, iban de estación en estación, verificando equipos y llenando de diésel las plantas eléctricas en una operación manual, diaria, y que se extendió por 50 días corridos. Cuando toda la industria radial se movió al sistema digital, los ingenieros Blanco optaron por conservar como tecnología paralela el sistema análogo, sin desecharlo como hicieron casi todas las demás emisoras. A veces, regresar a lo básico es lo más conveniente. **Foto por Sandra Rodríguez Cotto.**

Conversando al aire mientras el periodista Ismael Torres escucha atentamente.
Foto por Jesús Rodríguez García desde mi celular.

Seguí trabajando en vivo, sin parar, por casi 30 horas corridas. Dormí un rato en el piso de la estación, pero regresé a casa. Me dolía la espalda.

23 DE SEPTIEMBRE 2017

En la tercera noche después del huracán, el alcalde Betito Márquez, lloró antes de salir al aire en la emisora de radio, narró la destrucción. Me contó que a un hombre el agua lo empujó hasta las rejas de la marquesina de su casa, y no pudo salir. Se ahogó.

"Esto es demasiado. Son muchos los muertos y sé que cuando baje el agua, aparecerán dos o tres cuerpos más", nos dijo a Jesús Rodríguez García y a mí. Esperamos a que se calmara para entrevistarlo al aire.

Alcalde de Toa Baja Betito Márquez. Foto: Sandra Rodríguez Cotto.

Yo me pregunté qué es lo que pasa que los alcaldes y unos cuantos legisladores me ven y lloran. No sé si es que tengo cara de paño de lágrimas o es que me han estado escuchando noche tras noche, y saben que sé, porque he visto bien la destrucción. Así como lloró Betito Márquez, lo mismo pasó con el alcalde de Trujillo Alto, José Luis Cruz, y con el de Río Grande, Ángel "Boris" González. Pero quizás porque hoy estuve en Toa Baja, es que recuerdo más esa expresión de frustración, esa mirada perdida en el abismo de la tristeza que vi reflejada en Betito.

......

He perdido la noción del tiempo. Llevo demasiadas horas aquí, al aire, sin parar. Sé que es de madrugada. Dos o quizás tres de la mañana, y sigo recibiendo llamadas de gente desesperada, tratando de conseguir a seres queridos. Ya los periodistas Eliza Llenza, César Fiallo e Ismael Torres se fueron hace horas. Nos quedamos Jesús y yo, pero yo no puedo más. El sueño me vence y creo que varios ronquidos salieron al aire, mientras Jesús seguía hablando. Freddy capta mi desplome para la posteridad.

Dormida en el hombro del periodista Jesús Rodríguez García que seguía hablando al aire. La foto la tomó Freddy Virella desde el control.

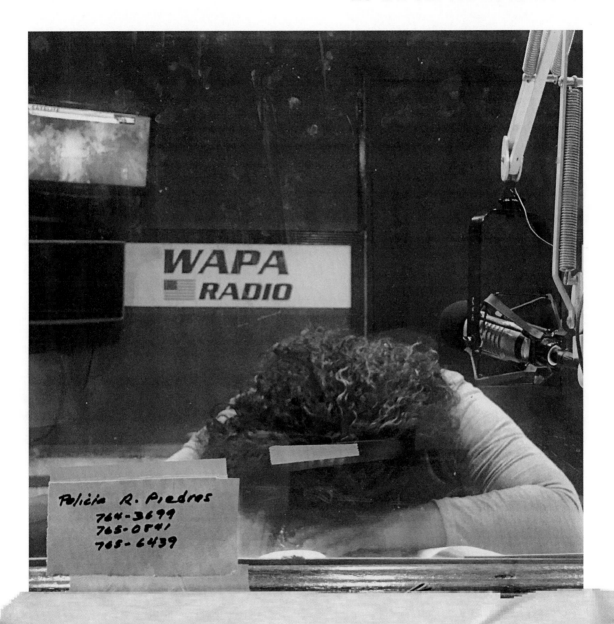

(No pude más. El sueño me venció. La foto la tomó Freddy Virella desde el control.)

24 DE SEPTIEMBRE 2017

Contenta por la gestión periodística aunque siempre hay *haters* que no aportan, pero critican.

—•—

Son las 9:25 de la noche y elucubro.

El viento y la lluvia pudo habernos tumbado al piso, pero nos levantamos.

Mi hija Mariela está bien. Mis padres están bien. Mi familia está bien. Y he tenido el honor de compartir con este junte de periodistas en Wapa Radio. Por eso siento tranquilidad y esperanza. Nos vamos a levantar.

Agradezco al aire, y en mis redes sociales a todos los que han respondido y siguen respondiendo a la convocatoria. Ya son casi 60 los periodistas que han llegado a la emisora a trabajar. Estamos trabajando en este voluntariado porque la única misión es servir de puente, de vehículos de comunicación, con el pueblo de Puerto Rico.

Escribo lo siguiente, con la esperanza de que algún día, cuando llegue la luz y El Internet, alguien pueda ver este mensaje en Facebook:

"Todos los periodistas estamos sirviendo como mejor sabemos. No somos perfectos, pero gracias a este esfuerzo se han salvado vidas; familias se han enterado de cómo están sus parientes, y se han enterado de lo que hacen el gobierno y las autoridades. Estamos fiscalizando como podemos, y estamos canalizando ayudas y mensajes entre personas. Agradezco particularmente a José E. Maldonado por acompañarme. Seguiremos ayudando en lo que podamos en estos días críticos. Gracias a: Jesús Rodríguez García, Luis Penchi, Ismael Torres, Wilda Rodríguez, Graciela Rodríguez Martinó, Ada Jitza Cortés, Jorge Gelpí Pagán, Gloribel Delgado Esquilín, Rosa Delia Meléndez, Rita Iris Pérez y tantos otros... y especialmente a Jorge G. Blanco, por dejarnos montar este esfuerzo, cuyo único objetivo es servir al país".

25 de septiembre

Hoy perdí la noción del tiempo. Sé que llevo todo el día aquí y sé la hora porque la veo en el reloj. Estoy en la estación desde ayer, amanecida, converso con la gente que logra llamar a la única línea telefónica que permanece funcionando. Jesús Rodríguez García está de turno, así que me vuelvo a quedar con él y con Freddy Virella en el control. Creo que se unirán otros de madrugada.

—•—

Son las 12:02 de la madrugada, y sigo transmitiendo en vivo@cadenawaparadio con Ismael Torres, Luis Penchi, José Maldonado y el psiquiatra, Alfonso Madrid.

26 de septiembre

Se militariza el país.

"Fuera la Marina" fue la consigna en Vieques en el 2008 y pienso que hoy en todo Puerto Rico la gente quiere ver a los militares trayendo ayuda.

Y como un castigo de los seres espirituales, militares invaden el estudio para decir que vienen a dar ayuda. Los recibo resignada. Le hablo en inglés a una gringa que es la más que manda, y sonrío porque ella insiste en hablar en español. Me dijo que vino a la emisora porque los militares saben que es el único medio en el aire en ese momento. Claro, pensé yo. Siempre he sabido que ellos llegan y mandan.

No dije nada y dejé que fuera Penchi e Ismael Torres los que tomaran el control, mientras yo captaba la imagen.

Militares llegan hasta el estudio en Wapa Radio y capté esta foto. No recuerdo ni guardé sus nombres, y sí, fue a propósito. Foto: Sandra Rodríguez Cotto

26 DE SEPTIEMBRE 2017

Fotos por Pablo Pantoja.

El huracán fue el 20, y desde el 23 de septiembre he estado visitando pueblos. Busco refugios, albergues y casas. Voy en las mañanas y trato de regresar a eso de las dos de la tarde, para estar un rato con mi hija, y luego, ir a trabajar de voluntaria en la radio hasta la mañana siguiente. Esa es mi rutina y así es como me doy terapia ante la devastación. Así combato el estrés post traumático que me ha dejado María. Así me siento viva. Veo. Siento.

Lloro. Observo. Ayudo. Canalizo. Solo así puedo reportar, hay que relatar los hechos tal y como acontecen. Eso es reportar la noticia. Eso es decir la verdad. Por mis venas corre tinta, y el periodismo es mi vocación. Barrio Obrero, Miramar y Santurce, son mi recorrido a esta hora. Escombros y agua. Gente en las calles. Seguimos como en shock. Pablo retrata.

27 DE SEPTIEMBRE 2017

Ya visité casi todo San Juan, casi todo Bayamón, todo Guaynabo, Trujillo Alto, Carolina; pasé por San Isidro y Villa Hugo en Canóvanas, y llegué hasta el pueblo olvidado. Ese que tienen aislado a propósito, por el racismo y por los prejuicios: Loíza.

Visité varias comunidades como Piñones, Miñi Miñi, las Medianías, varios complejos de apartamentos y casas, y las Parcelas Suárez. Fue horrible lo que vi. Mucha destrucción. En mi recorrido me topé con un joven que optó por quedarse en su casa. El techo le cayó encima, literalmente, y en medio del huracán logró escapar. Sobrevivió porque pudo escapar hacia la casa de un vecino. Ese es de los que no hizo caso a las advertencias.

Joven de las
Parcelas Suárez en Loíza,
al que le cayó literalmente
el techo encima
en medio del huracán.
Foto: Sandra Rodríguez Cotto.

28 DE SEPTIEMBRE 2017

Ando buscando la verdad.
El gobierno dice una cosa, pero la gente otra.
Hay que hacer periodismo. Verdadero periodismo.
Hay que hallar la verdad.

Son muchos los muertos. Su olor se percibe, solo hay que corroborar las historias.

Andamos por el Condado y Carolina, y Pablo lo capta en sus fotos.

Turistas en el hotel Condado Palm.

Entrada al puente frente al hotel Condado Plaza.

Puente en el Condado.

27/sept/17

Estimada Sandra:

Hace mucho tiempo que no tomo papel y bolígrafo para escribir unas letras a mano por la costumbre y conveniencia de la computadora... esa misma herramienta que María se llevó saberme Dios hasta cuándo.

Precisamente un día como hoy hubiese comenzado la Convención de la Asociación de Relacionistas, profesión que comparto contigo. Te confieso que hace mucho tiempo que no me siento tan orgullosa de mi profesión y de saber que hay colegas como tú que nos representan con tanta dignidad. Sé que en este caso es la vena periodística la que te llama pero siempre defiendes y representas tu segunda profesión inigualablemente.

Por otro lado, quiero darte las GRACIAS tanto a ti, a Israel, Maldonado, Penchi y a todos esos periodistas voluntarios que han sido nuestros ojos, oídos, hombro para llorar, una fuente fiscalizadora, la única fuente de información para los que vivimos en la Isla.

Literalmente te confieso que duermo con el radio justo al lado de mis oídos porque con el calor insoportable en Aguadilla y la falta de comunicación de AT&T, no duermo ni he dormido desde que pasó María.

28 DE SEPTIEMBRE 2017

para verificar el status de mi apartamento desde donde usualmente trabajaba. Al no tener teléfono no he podido saber nada de cómo está la cosa por allá. Me hubiese gustado acompañarte en la estación o saludarte personalmente, pero tengo que regresar a Aguadilla antes del toque de queda.

Ay Sandra, una se adapta a cualquier cosa pero cuando los más vulnerables dependen de uno qué desesperante parece esta situación. Gracias por ser aliciente, informante, motivadora, inquisitiva y fuente de inspiración y orgullo.

Dios te bendice cada día, así como a todos los colaboradores que han pasado por su cabina.

Cariños,

este suceso atmosférico y catástrofe ha sido una prueba de paciencia, particularmente cuando una tiene a cargo una "bebé" de 84 años. La situación es desesperante sin saber cuándo llegará la luz, cuándo recogerán basura, cuándo uno puede tener acceso a efectivo, cuándo y cómo retomar las labores de trabajo, cómo combatir el calor cuando envejecientes y niños son los más vulnerables. Si una deja que la mente corra, se vuelve loca. Y eso que soy agraciada, porque de vez en cuando nos llega agua, no nos ha faltado comida, nuestra casa no sufrió daño alguno y a cada segundo doy gracias por esas bendiciones que sé que hay miles de puertorriqueños que hoy no disfrutan.

Nuevamente gracias porque sin WAPA Radio y el trabajo voluntario de periodistas como tú, no tendríamos absolutamente acceso a ninguna información. Mi admiración y respeto a la familia Blanco y su esfuerzo titánico por mantener esa señal viva contra viento y marea. Ese "equipo de ingeniería" es heroico y único en el mundo. Puerto Rico les debe mucho.

Te dejo estas letras porque hoy viernes es que por primera vez vengo a San Juan ②

29 DE SEPTIEMBRE 2017

Hoy estuve en Cataño, sectores de Toa Alta y Toa Baja.
No me quedan lágrimas.
Aquí parece que cayó una bomba. ¿O fue un diluvio?
Tiene que haber muchos muertos en el barrio ingenio.

No puedo escribir. No hay palabras.

Fotos de Pablo Pantoja.

Y Pablo llegó a la estación y corroboró que lo viejo vuelve en esta era que decían sería la digital... Con su radio de transistores, como hacían los abuelitos, se enteraba del mundo exterior.

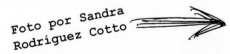

Foto por Sandra Rodríguez Cotto

Escombros en Bayamón. Foto Pablo Pantoja.

Lanzo esta pregunta seria:
¿Por qué si la Guardia Nacional
tiene 7,000 o más reservistas son
tan pocos los activados? Todo
apunta a que esto será un caos.

30 DE SEPTIEMBRE 2017

Receta del huracán

Ingredientes:
— Una lata de salchichas
— Una lata de jamonilla (preferiblemente Tulip)
— Leche en polvo Klim
— Leche evaporada (si es Tres Monjitas, mejor. Esa es la más buena)
— Leche en cajita (si no tienes leche evaporada)
— Pan
— Sopa en lata
— Jugo en bolsitas o de cajitas, de esos que le pongo a la nena en la lonchera
— Papitas, Cheetos, Doritos
— Cualquier cosa enlatada, en bolsa o lista para cocinar

Procedimiento:
• Comer lo que sea, a la hora que sea
• Ante la falta de electricidad, el no tener cable ni televisión, se come
• Si no hay BBQ, come lo que haya en la lata
• Si no tienes estufa de gas, te chavaste
• Come
• Come y te entretienes hablando
• Come, habla, ríe y llora
• Come de día
• Come en la oscuridad
• Come para que no llores porque esto está jodido
• Engulle y olvida
• No pienses
• Come

Resultado:
Al cabo de par de semanas estarás más cebao' que nadie. Parecerás un lechoncito listo para la navidad, con la dieta alta en sodio y carbohidratos. Lo sé bien.
   Me pasó a mí.

Es menester de las autoridades locales y federales informar <u>la verdad</u> a este pueblo.

—Les grito públicamente a los periodistas y al gobierno. A todas las autoridades de Puerto Rico y federales.

—¿Cuál es el silencio?

—¿Cuál es la falta de la verdad?

—¿Por qué las autoridades no le dicen la verdad al pueblo?

—Ya está bueno de conferencias de prensa para no decir nada.

—Ya basta de prensa que no pregunta o a la que no le dejan preguntar.

—La información que ofrecen está controlada. Todo apunta a que la magnitud del desastre que dejó el huracán María es mayor de lo que pensamos. Hay mucho que hablar, pero no se ofrecen detalles.

—Hasta el Comandante de Brigada del Ejército de los Estados Unidos, lo admitió. El comandante expresó que nunca en su historia militar había visto una tragedia tan grande como la que sufre Puerto Rico.

Cosas básicas, como, por ejemplo:

- ¿Dónde están los informes diarios de situación?
- Indiquen al pueblo las rutas que ya están disponibles.
- ¿Qué pueblos ya tienen acceso por carretera y cuáles son los daños?
- ¿Cómo van los avances de la restauración de agua y luz? ¿En qué áreas específicas?
- ¿Por qué persiste la falta de diésel y gasolina, y siguen las largas filas? ¿Es que están controlando la distribución? ¿Es el gobierno local o es FEMA? ¿Es un método de represión o es que de verdad no hay abastos? ¿Por qué esto pasa?
- ¿Cómo están haciendo la entrega de ayuda vital? Por favor, den detalles al pueblo.
- ¿Cuántos cadáveres hay realmente en las morgues?
- ¿Cuál es la cifra real de muertos?
- ¿Por qué no contabilizan a los que han fallecido a causa de la falta de medicamentos o de electricidad para máquinas o respiradores?
- ¿Cuántos han muerto porque la ayuda no llega?

Por favor, más respeto a este pueblo. Hablen con la verdad, de lo contrario, nos sorprenderán con un número inimaginable de muertos y desaparecidos.

2 DE OCTUBRE 2017

Foto por
Pablo Pantoja en
Isabela.

¿Cuánto cobre están hurtando de verdad? Entre la dependencia a la Autoridad de Energía Eléctrica y el robo de cobre, parece que nunca mejorarán las telecomunicaciones. ¿O es que estas excusas ya suenan demasiado baratas para que el pueblo las compre?

—•—

La oscuridad nos cubre como un manto de terror, y parece que el tiempo se detiene. Solo se interrumpe con el ruido de los generadores eléctricos y los pensamientos galopando en nuestras mentes. Por eso salgo y miro al cielo. Veo así las estrellas que nunca antes miré.

Día 14 *post* huracán María. Ya mismo llego a Wapa Radio 680. No puedo más con la desinformación. Me agobia casi tanto como el puñetero calor, los mosquitos y la falta de luz. Por suerte ya hay agua y me puedo bañar como cuatro o cinco veces al día, pero eso de cocinar en una estufita de gas me rejode.

—•—

Como si el puñetero calor y la destrucción no fueran suficientes, hoy Trump llegó a mi pueblo.

Se suponía que vendría a ver de primera mano los daños severos que dejó el azote del huracán María en Puerto Rico. Entonces, a algún inteligente, pana del Servicio Secreto y de Jennifer González o de Ricky Rosselló se le ocurrió llevarlo a Guaynabo. Por aquello de disimular, no lo llevaron a Garden Hills, pero tampoco al barrio Camarones. No. Lo llevaron cerca de una iglesia que nadie conoce, de gringos que no van a Second Union Church, y lo metieron en la urbanización clasemediera Muñoz Rivera. La Melania estaba estirada y Trump, simpático.

Sé, porque me consta, que habló con unos cuantos vecinos, incluyendo a Blanca Carrión, la de la casa de la esquina allí en Muñoz Rivera. Si se hubiera quedado un ratito más, quizás se hubiera enterado de que hace unos años, a Blanca se le murió su hijo que tenía severos impedimentos y llora cada vez que lo recuerda. No se enteró que su otro hijo casi no la va a ver, y que ella se ha tenido que hacer cargo de su marido que ya tiene Alzheimer, y que él la maltrata. Ambos son ancianos, y ella se ha caído varias veces. La última vez, resbaló y se dio en la cara con una mesa. Los moretones en la cara lo demostraban. Pero no. Trump nunca se enteró de eso. Ni de que ella tiene que cargar cubos de agua para el viejo. Ni Trump ni el alcalde se enteraron. Total, eso no importa porque las casas son de cemento y desde afuera, él las vio bien.

Quizás por eso dijo que Puerto Rico estaba bien. Somos mierda para Trump y para los americanos, y como no pudo tirarnos con papel de limpiarse el culo, nos tiró papel toalla. Nos ve como mierda. Hispanos. Minorías. Negros. No lo dijo, pero sé que lo pensó: *We can only make America Great Again if we don't have those spiks around.*

4 y 5 de octubre 2017

miércoles 4

El pitiyanquismo, eñangotamiento e imbecilidad afloró ayer entre algunos de nuestros políticos frente a Trump. Fo!

jueves 5

Me dio con joder al gobierno. Alguien tiene que hacerlo. Sin miedo, como diría Alexandra Lúgaro. Así que empecé a gritarles desde mi página de Facebook, y ellos a correr.

Primero me ignoraron. Después pusieron a sus portavoces, oficiales de prensa y gente de los medios a reaccionar en mi página y a pedir que explicara el porqué de mis comentarios.

Entonces salieron algunos ayudantes de políticos y jefes de agencia, que alguna vez fueron reporteros, a cuestionarme. A regañarme. Me dicen que un periodista debe reportar la verdad. Decir nombres.

Mi respuesta fue sencilla: en mi página personal en Facebook comento lo que me plazca. No es un periódico o un medio que requiere un estilo formal. Yo solamente comento lo que sé, para que reaccionen, ¿o me harán hablar en detalles?

Estos fueron mis comentarios:

- Día 15 tras el paso del huracán María. INACEPTABLE que sigamos incomunicados. La Alianza de las Telecomunicaciones está calladita. #SeAutoProtegen ¿Y nosotros los clientes o consumidores?, bien gracias.
- Periodistas: Pendientes a cada paleta de botellas de agua que llega al COE. No permitan que las desvíen para venderlas en restaurantes.
- Periodistas: ¿Es cierto que ayudas de FEMA terminan en casas de familiares de jefes de agencias? OJO
- Periodistas: Atentos a movida política para exigir que los hospitales paguen por plantas eléctricas. #FollowTheMoney
- Los PERIODISTAS son solidarios, pero también fiscalizan la Jauja. #Bravo. No se puede permitir el robo en medio de esta crisis.
- Una cosa es el periodismo y otra cosa BIEN DISTINTA es publicar opiniones en páginas PERSONALES en Facebook.

#NoSeConfundan

Cuando entes en el gobierno olvidan su función, que debe ser el servicio público, no sus intereses personales, ahí está la prensa seria y responsable para recordárselo, aunque a muchos NO LES GUSTE. #EsAsi #TrabajenBien Hay mucha gente sufriendo en Puerto Rico para permitir ese descaro.

—•—

En el Día #15 post #HuracanMaria denuncié lo que pasa en el pueblo olvidado de Arecibo.

5 DE OCTUBRE 2017

Este pueblo ha sido olvidado por su alcalde y políticos. Para los que me critican o regañan cuando cuestiono lo lento de las ayudas del gobierno y de FEMA, miren las fotos. Yo no me puedo quedar callada ante este dolor de la gente. Mucho menos puedo ser cómplice de lo que están haciéndolo mal.

No, no es Cuba. Es Arecibo. Foto por Pablo Pantoja.

Comienzan las filas para comprar hielo en Arecibo. Foto por Pablo Pantoja.

5 DE OCTUBRE 2017

El agua en este negocio de Arecibo empujó toda la mercancía hasta la reja, que queda como testigo del caos. Foto de Pablo Pantoja.

En el Día #15 post #HuracanMaria denuncié lo que pasa en el pueblo olvidado de Arecibo.

Destrucción de carretera y puente en Arecibo. Foto: Sandra Rodríguez Cotto.

5 DE OCTUBRE 2017

Zórlo légog

4:05 P.M

5 de Octubre de 2017

A. Wapa Radio
Sra. Sandra Rodriguez Cotto
Sr. Luis Penchi

De:

Asunto: Bo. Quebrada Arriba de Patillas Carr. 184 Int 762

En el Dia de Hoy me dirigi a Barrio Quebrada Arriba
en Patillas ya que mi Esposa, Su Familia Recide en dicho
Sector ya que hace 15 Dias no Sabiamos nada de la Familia
decidi Junto a mi Esposa he mi hija Menor el cual es Impedida
a llevarle unos Suministro a la Familia Comida Enlatada, Arroz y
agua, he Igual modo llevarle Comida a Amigos de Años el
cual al vernos Recibia un Abrazo de unos y besos de Otros, cuando
Yó Le Entregaba un Bolso de Comestibles con los Siguientes Articulos
<u>2</u> Paquete Arroz, <u>4</u> Pote Salsa Cocinar, <u>4</u> Latas Habichuelas <u>2</u> Latas Atún
<u>2</u> Latas Pollo Enlatado, <u>4</u> Latas de leche <u>1</u> caja Sopas Lipton <u>2</u> Latas Jamo-
nilla. <u>2</u> Latas de Maiz <u>4</u> Latas Solchichas Además. <u>3</u> Velas y <u>2</u> caji
tas de Fosporo y <u>3</u> galones de Agua Potable, cuando yó les llamaba
para hacerle Entrega de Ese Bolso de Alimento vi en su Rostro mucha
Alegria y Tristeza por que Tenian de Comer para hoy me hubiese
gustado Tener más para llevarle a Todos en el Barrio pero Pude darle
a <u>5</u> Familia el Cual Conosco y se lo Pobre que són. Ya que me
decian que desde el dia 25 de Septiembre de 2017 no Recibian
nada de Comer que Solo Le llevaron <u>2</u> Botellias de Agua por Familia
y una Ración Tipo Militar que <u>no</u> han Visto al Alcarde y al Vice-
Alcarde que vive en ese mismo Barrio Sr. Felix Franco La ayuda
hacido casi <u>0</u> han quedado en el Olvido.

Continua →

Les menciono esto ya que Yo viví 13 años en este mismo Barrio ahora vivo en Río Piedras los artículos que lleve a Toda esas Familia los Compre Yo, con mi Dinero y ahi le doy Prueba sin contar que no Tengo Recibo de los otros Artículos Comprados y todos los Artículos fueron Marca Econo. Mi Cuñado Perdió su Casita que era de Madera cuando llegue estaba en el Balcón de lo que fue su casa llorando Todabia Clamando por ayuda y sus gritos y lagrimas en oidas Sordos - Ella no me Esperaba ni mi Suegra cuando nos vieron corrieron de Felicidad al vernos porque Estabamos Bien.

Dicho todo esto no quiero buscar Gloria sino ser la voz para mi Familia y vecinos del Barrio Quebrada Arrib de Patillas P.R. en el cual no se ve mas que Desolación como al Igual en muchos otros Barrios y Pueblo de mi Puerto Rico.

Gracias por atenderme y Perdonenme mi mala Letra.

Atentamente

Urb. los maestros
Calle, _____ S.J. P.R. 00923
Tel. (787) 3_____

NOTA. Por Favor mantenga mi nombre en Anonimato

6 DE OCTUBRE 2017

Día 16 *post* huracán María, y hoy regreso de Toa Baja. Este fue el pueblo en donde primero se reportaron los muertos. Fue por una inundación.

Toa Baja. Foto por Pablo Pantoja.

Hoy recordé al emergenciólogo y médico de familia Dr. Zoilo López Nieves, quien desde el huracán Irma y luego con María, ha estado recorriendo la isla, ayudando a pacientes en refugios y en comunidades junto a colegas del Colegio de Médicos y Cirujanos de Puerto Rico. El médico me trajo unas fotos que uní a las mías y a las de fotoperiodistas en los primeros días después del huracán, y las de hoy, todas en Toa Baja.

Zoilo cerró su oficina, y desde el día después del huracán ha estado con otros colegas, atendiendo personas en refugios. Los ausculta, les da primeros auxilios, los refiere al barco hospital, les pone inyecciones o les hace recetas. A otros les regala muestras de medicamentos. Zolio ya sabe que vendrán varias epidemias. Anticipa dengue, conjuntivitis y leptospirosis, y me lo dijo en la radio, cuando no puedo precisar si en Puerto Rico tenemos un Secretario de Salud. Si lo tenemos, es mudo porque no habla ni orienta a nadie. Las noticias de salud las ofrece un abogado, el Secretario de Asuntos Públicos de La Fortaleza, Ramón Rosario. Joder. Juegan con la salud del pueblo.

Reflexiono que tenemos que ayudar como podamos. TODOS. Y que seguiré exigiendo que las ayudas lleguen rápido al que lo necesita de verdad, pero que TODOS aprendamos también a valernos por nosotros, a que no se construya en lugares inundables y más que nada, a que se erradiquen las condiciones que hacen que tanta gente sea pobre y viva expuesto a estos desastres, como los que viven en Toa Baja.

Día 17 *post* huracán María: Ciales y Florida.

Transito por los pueblos de mi patria con la sensación de que sobre nosotros detonaron una bomba. Una bomba experimental para aniquilarnos como raza, pero el boricua es terco, y no se rinde. El camino se confunde como con cualquier otra vía en la que los escombros, árboles caídos y el fango seco hablan de ese monstruo que fue el huracán con nombre de virgen.

Rumbo a Ciales.
Foto por Pablo Pantoja.

En la vaquería de la familia de Héctor Fierro en Ciales, se perdió el negocio, pero lo más impresionante fue ver imágenes de una familia lavando ropa de un chorrito que salía de un manantial. Recordé mis viajes a Haití y a los campos más recónditos en la República Dominicana, o a Nicaragua y Honduras, o en México, donde vi tantas imágenes iguales. Solo que no es Primer Impacto o cualquier programa de televisión. Es Puerto Rico y es ahora. Es Ciales. Es Florida.

Vaquería de Héctor Fierro en Ciales. Foto por Pablo Pantoja.

7 DE OCTUBRE 2017

Pablo Pantoja, con su mirada precisa, captó esos sentimientos que hoy afloran en el corazón de cualquier persona que mira las fotos. Yo intento mantener la distancia, esa hipócrita técnica que me enseñaron en la universidad, de mirar los objetos de la noticia con separación, más no puedo. Se supone que un periodista sea distante, objetivo, dicen los libros. Pero yo soy sentimental. Vibro de emociones que van desde la más grande tristeza y desolación hasta la rabia intensa al ver cómo está mi país. No, no puedo quedarme en la distancia y no pretendo esa falsa noción del periodismo distante. Soy humana. Veo, toco, huelo, siento. Me duele mi país.

Fotos de una familia tomando agua y lavando ropa de un manantial en Ciales. Foto por Pablo Pantoja.

Es simplemente desolador todo lo que veo.

Tenemos que unirnos y seguir cooperando. Reitero la urgencia de que las ayudas lleguen a quienes lo necesitan con premura. Es la gente, no los políticos, los que luchan por sobrevivir.

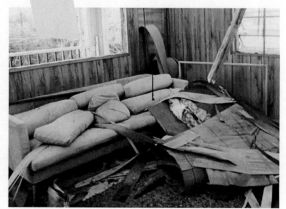

Fotos de una familia que perdió parte de su casa en Florida. Fotos por Pablo Pantoja.

No hay mucho más que decir, pero siento tristeza, no abandono la esperanza de que la vida volverá. Volverán las aves y las plantas. Todo es cuestión de tiempo y empeño...
Pero no niego que me duele el alma con cada cosa que veo.

Evidencia de la destrucción en Ciales y Florida. Fotos por Pablo Pantoja.

8 DE OCTUBRE 2017

Día 18 *post* huracán María: Brote de Leptospirosis, brote de conjuntivitis, piojos y hasta sarna humana tras el paso del huracán. Hay que protegerse y lavarse las manos.

—•—

I'm looking at Bethenny Frankel, the famous "skinny girl-turned into entrepreneur" and a cast member of the Real Housewives of New York City.

I met her once, some years ago in Soho, and I admitted to her that I had seen her show.

After all, I'm too a TV junkie and a reality television captive audience.

When I first met her, I felt that she was nice, but prejudices took over and my thoughts wondered to judgmental arenas. I thought that she was superficial, just as most of the people on those reality shows and magazines are.

But today, I changed my mind.

This has truly been an ¨aha¨ moment.

Watching this video, of her third trip to Puerto Rico bringing aid, I felt ashamed. Embarrassed. I would really love to hug her and just have the opportunity to thank her.

Most of the time, perception is not reality. I should've known better.

For that, I am sorry.

BUENAS NOTICIAS: El Gobernador Ricardo Rosselló dijo en conferencia de prensa hoy que los consumidores no tendrán que pagar su factura de telecomunicaciones por "un servicio no recibido". Reconoció que es correcta la cifra que dio FCC el viernes 6 de octubre sobre conexión celular. Solo un 17% de la infraestructura está funcionando. POCO A POCO, LA VERDAD SALE.

Día 20 *post* huracán María: Vuelve el miedo y la desolación.

Ayer en la tarde, tras lluvias torrenciales, en Santurce, las calles se inundaron. Ayer también transitaba por el expreso a la altura del Centro Médico y estaba inundado. También la Avenida Martínez Nadal. ¿Por qué no limpian las alcantarillas? El problema es el material vegetativo que no lo recogen.

Inundación urbana en Santurce.

Mientras observo las inundaciones y muchas fotos, recuerdo a Amaury Rivera. Un financiero, expresidente de una empresa de telecomunicaciones, miembro del "jet set", y a quien nunca le faltan admiradoras por la pinta de galán de novela turca que tiene. Tiene un *look* que, si fuera artista, la revista People en Español lo nombraría entre los más bellos, porque lo es. Es bello por fuera, pero es más bello por dentro. Sin necesidad de hacerlo, se ha convertido en uno de los más activos y efectivos líderes comunitarios que conozco en Puerto Rico.

Desde antes del huracán, Amaury ha estado trabajando incansablemente por ayudar a los viejitos y a toda la comunidad en el Condado y Santurce. Organizó un grupo de jóvenes y voluntarios en su zona que fueron calle por calle, edificio por edificio, casa por casa, identificando necesidades. Hicieron listas de personas solas, de viejitos, de encamados, y sabían exactamente a dónde ir y qué llevar. Hicieron lo que ni la alcaldesa de San Juan Carmen Yulín Cruz, ni los legisladores ni el gobernador Rosselló han hecho. Calladito, Amaury expandió el radio de acción de su voluntariado y también ayudó con grupos comunitarios en Loíza, Canóvanas, Caguas, Salinas y muchos otros municipios se les han unido. Es con personas así, desde las comunidades, que Puerto Rico se va a levantar. No podemos esperar más por los gobiernos en lo que se deciden a implementar una logística coherente de ayuda, limpieza y reconstrucción. Hagámoslo nosotros. Bravo Amaury y a los que trabajan como tú.

9 DE OCTUBRE 2017

Periodistas, tengan cuidado

Legislador municipal de Arecibo David Azaro intenta agredir periodistas que lo captan en bailable mientras el pueblo sufre. Foto por Francisco Quiñones, periódico digital Jornada PR para Cobertura Especial en Wapa Radio.

Este señor es el legislador municipal de Arecibo, David Azaro. Ayer intentó agredir, amedrentar y quitarles sus teléfonos celulares a los compañeros periodistas Francisco Quiñones, quien publica en el medio cibernético regional Jornada Puerto Rico, y a la veterana periodista y comunicadora Ada Jitza Cortés, quien como saben, me ha estado acompañando en labor voluntaria por la radio. Tenemos evidencia en vídeo y audio.

¿Por qué lo hizo? Simplemente porque los periodistas preguntaron por qué se usaba un generador eléctrico que de FEMA para la policía en el restaurante municipal *Arasibo Steak House*. Esto ocurrió mientras unos 80 viejitos de Arecibo fueron expulsados de una égida, y luego de un refugio del municipio porque supuestamente el Municipio de Arecibo no tenía planta eléctrica para atenderlos. Los movieron a refugios en los municipios aledaños de Hatillo y Barceloneta.

Foto del generador eléctrico que era para un refugio, pero en el Municipio de Arecibo ordenaron que se usara para darle luz al 'Aracibo Steak House' para una fiesta, y para unas habitaciones que hay en el segundo piso del edificio. Foto por Francisco Quiñones.

(Arasibo Steak House. Foto por Francisco Quiñones.

Esto ocurrió casi a la misma hora en que ayer el alcalde de Arecibo Carlos Molina, llevó al señor Gobernador Ricardo Rosselló a la Urb. Villa Los Santos, que francamente no fue tan afectada por el huracán.

Resulta irónico que hayan ido a ese lugar cuando cerquita hay personas que no han recibido ni agua en 20 días. Sectores como Barrios Carreras I y II que están conectados por una carretera a punto de colapsar; Arenalejos, Bajadero, Santana, Domingo Ruiz, Parcelas Rodríguez Olmo, Miraflores, Biafra, Arrozal y Los Muertos. Este último queda a 35 minutos de la Carr. #2 y solo han recibido ayuda de los militares que les lanzaron agua y algunos alimentos desde un helicóptero. Sin embargo, como se constató, el agua y los alimentos expiraron en el 2014.

Los compañeros Ada Jitza Cortés y Francisco Quiñones, al igual que todos los que estamos colaborando en esta cobertura, seguiremos evidenciando lo que pasa de verdad. Ayer ellos dieron ese recorrido por Arecibo. Yo estuve en San Juan viendo que las inundaciones en las carreteras se dan porque NO limpian y se tapan las alcantarillas. Hay maquinaria para eso.

Aunque traten de amedrentarnos, no vamos a detenernos. El pueblo merece saber la verdad de lo que está ocurriendo. Más allá del comunicado de prensa y el aire acondicionado en el COE.

9 DE OCTUBRE 2017

TITULAR DE HOY: Fiscalía Federal y Secretaria de Justicia confirman que investigan a funcionarios que se alega se han apropiado de mercancía que era para damnificados. Hace unos días me cayeron arriba porque escribí en mis redes sociales sobre el desvío de ayudas. Hoy Federales y Justicia confirman las pesquisas.

Grito al aire en Wapa Radio: **"A todas las autoridades: ahora mismo hay una emergencia en Caguas. Se inundan las calles de la urbanización Bairoa por no limpiar los escombros y muchas familias lo están perdiendo todo. Esto no se puede permitir. ¿Qué nos pasa?"**

No niego que me siento frustrada. Hago la denuncia en la radio e inmediatamente comparto vídeos en mis redes sociales, y por texto a cuanto ayudante de los políticos conozco. Me desesperé al ver las imágenes y escuchar los mensajes de voz que me envió mi amigo Irvin "Viejito" García quien, junto a su esposa, ambos maestros, lo han perdido todo. Entonces empiezo a llamar a Manejo de Emergencias, al 9-1-1, a la Policía, a los Bomberos y hasta los ayudantes en La Fortaleza para denunciarlo. Llamé a una ayudante del alcalde de Caguas.

La incompetencia de nuestros líderes políticos y la dejadez está provocando cada día más caos. Como no han limpiado los escombros, se taparon las alcantarillas y las casas que ya se afectaron durante el huracán, ahora se inundan. Los ciudadanos llamaron al alcalde y al Municipio de Caguas, pero no se movieron. Vinieron a llegar cuando hicimos la denuncia por radio, y ya el agua había alcanzado 5 pies. Fueron los mismos vecinos los que destaparon una de las alcantarillas. ¡No es justo! ¿Dónde está el alcalde de Caguas? ¿Dónde está el gobierno central? ¿Dónde está FEMA? Brillan por su ausencia y la gente se fastidia. Triste e injusto por demás.

Investigan traqueteo con suministros, alega un periódico en su titular de portada. Como lo dicen los periodistas, la gente debe creer como verdad infalible que agentes del Negociado Federal de Investigaciones atienden querellas sobre presuntas irregularidades en el despacho de ayudas para los damnificados en cinco municipios. Dicen que los pueblos son Patillas, San Juan, Arecibo, Aguadilla y Vieques. Aseguran que funcionarios públicos en esos pueblos supuestamente retienen los suministros que les proveen el gobierno central y FEMA para los damnificados del huracán María.

Ahora que lo dice el periódico El Vocero, ¿le exigirán que digan nombres como me hicieron a mí hace unos días? Pregunto yo a los voceros pagados por el gobierno.

—•—

Día 20 *post* Huracán María... Y paso por Humacao.

Allí veo el producto de inescrupulosos, de permisos de construcción posiblemente ilegales, y de edificaciones pegadas con chicle. A un edificio probablemente los desarrolladores lo promovieron como un lugar de ensueño. Lo nombraron Chalet de las Palmas, en el barrio Buena Vista de este pueblo.

Hoy está en ruinas.

Vecinos describen que sintieron un temblor, pero fue que se rompieron las escaleras de uno de los edificios. El estruendo llegó de madrugada, y no se sabe cuántas personas había allí en ese momento. El edificio colapsa y los vecinos no saben a dónde dirigirse. Hay niños, ancianos y madres solteras que justo ahora se dan cuenta de que el chalet se convirtió en una pocilga. Mientras tanto yo pienso que ocultar la verdad es una forma sofisticada de mentir, pero es una mentira, al fin y al cabo.

Escaleras del edificio Chalet de las Palmas. Foto por Pablo Pantoja.

11 DE OCTUBRE 2017

Día 21 *post* Huracán María. Escribo en voz alta y pienso mientras escribo con dos dedos en el teclado del celular. No importa el calambre. Eso es mejor a estar callada...

Sigo con la nena en mi "refugio" que es la casa de mis padres. Papi está cansado, pero no dice nada. A Mami la tristeza ya se le ve en el rostro. Están hastiados. No duermen bien. A veces pienso que se sienten abandonados. Yo no los he dejado nunca y me desespera verlos en esas. La juventud que emanaban hasta hace unos meses, cuando se iban agarrados de mano a una bohemia o a bailar como novios en un hotel, se les esfuma. Es mucha la preocupación. Después de trabajar y aportar toda su vida a este país desde sus respectivos trabajos y en sus trabajos comunitarios calladitos de siempre, no era para estar así. Sin luz, pasando calor y con tanta faena.

La nena, callada. Hace collares y pulseras de gomitas para entretenerse cuando no tiene tareas de la escuela. Por lo menos va a su escuela, rota y que perdió el segundo piso, pero en pie de lucha, y eso a ella le llena el alma. Se ha puesto malita con múltiples convulsiones en dos ocasiones, todas provocadas por el calor. Eso me desespera, pero por ahora no es recomendable que sea operada. Los hospitales no son nada seguros al día de hoy.

Yo, de nómada. Estoy harta de no tener luz ni Internet, por lo menos puedo ir a la oficina de mi amigo y cliente Rafa Rojo a intentar trabajar. Pero no es fácil. La conexión sigue intermitente y me hace mentarle la madre a los que dicen que las telecomunicaciones están mejorando. Pobres madres. No tienen culpa de tener hijos que mienten... Dependo de la Internet que colapsó, algo que anticipé en dos columnas publicadas antes del huracán Irma, y de María, y que muchos dudaron. Otros se burlaron de mí, pero no pueden descartar que acerté lo que penosamente pasó.

Me pregunto cuánto será el impacto económico por esta basura de servicios y cuánta gente se tendrá que seguir montando en un avión para poder trabajar. La revolución Jet Blue venció, pienso yo.

Detuve mis escritos en el blog, en Noticel y en medios extranjeros, precisamente ahora, cuando muchos buscan hacerlo, porque no me nace. Total, no hay Internet. Escribo solo en mi celular, añoro que lo escrito pueda subir a Facebook. ¡Parece mentira! Si sé que pocos los van a ver.

11 DE OCTUBRE 2017

Este caos extendido después del huracán amenaza con el sustento del que trabaja por cuenta propia. La paciencia se me escapa. Ya estoy que trepo paredes y giro la cabeza como Linda Blair en la película del Exorcista. Estoy a punto de dejarlo todo y volver *full force* al periodismo. Quiero empezar a reportar desde la calle, y sé que eso no les conviene a los políticos. A mí me importa poco lo que digan, si nunca he tenido dedos amarrados con ninguno. Es más, tendré que hacerlo solo por joder. Mejor sigo lo que he estado haciendo de ir a donde se necesitan manos que ayuden. En las noches, ayudo en la radio a conectar a las personas con sus familias. Todavía anoche llamaba gente pidiendo ayuda, comida o buscar a algún ser querido. Duele.

La incompetencia y lentitud en dar las ayudas me dicen tanto. ¿Querrán terminar de extinguirnos como pueblo? ¿Nos obligan al éxodo o a las enfermedades por falta de higiene o de comida para eliminarnos? Cada vez que escucho o veo lo que pasa en los campos me da un coraje indescriptible. Eso no está fácil. Ya son casi las 6. Es hora de levantarme.

11 DE OCTUBRE 2017

El senador Eric Correa y AEELA

Sin darnos cuenta, hemos ido convirtiendo el vestíbulo de Wapa Radio en lo que parece la entrada a un refugio. Hace 10 días pasó el huracán María y son miles de personas las que llaman, dejan mensajes en pedacitos de papel pidiendo ayuda o preguntando por seres queridos, pero también cientos vienen a dejar ayudas, comida, ropa, leche para bebé, pañales, agua, bastones, sillas de ruedas, luces de baterías, muletas, libros y hasta juguetes. Todo va más o menos bien porque hemos logrado conseguir al que necesita y ponelo en contacto con el que da. Así, entre ellos mismos se ayudan.

Todo iba bien hasta hoy. Hoy llegó a la emisora el senador del Partido Nuevo Progresista, Eric Correa. El mismo al que criticaba la prensa porque en el cuatrienio anterior desconocidos tirotearon su oficina. A veces la prensa juzga o cubre noticias a mitad, sin ver el otro lado de las cosas. Después de todo, ningún ser humano es una sola cosa, sino que tiene muchas dimensiones.

Pues resulta, que Correa venía escuchando la emisora y las peticiones de la gente; entonces se puso en contacto con la junta de directores de la Asociación de Empleados del Estado Libre Asociado, mejor conocida como AEELA, para organizar ayuda. Llegaron a la emisora todos a decir que venían a traernos compras, bolsas de ropa, cajas de agua y otras cosas para que nosotros los distribuyéramos a los que lo necesitaran. Todo bien, hasta que vimos lo que pasó.

Empezó a entrar gente y gente y gente al lobby de la estación a dejar cajas, y cajas y cajas. En total eran como 200 bolsas con una compra de alimentos que fácilmente daban de comer como a 20 personas cada una por dos semanas. La entrada se llenó, literalmente, hasta el techo. Correa y los miembros de AEELA bajaron los cientos de cajas y bolsas, y así mismo se fueron casi corriendo de la emisora. Entonces la cosa cambió.

— "No, no, no, no. Esto no puede ser. ¡Esto no es un centro de acopio! Lo siento. ¿Por dónde va a entrar la gente si esto está lleno de cosas? Es demasiado", me dijo Doña Carmita Blanco.

— La dueña de la emisora había sido extremadamente condescendiente con todos los periodistas y los cientos de personas que abarrotaban su emisora día y noche, pero hasta ahí. Hasta yo misma me asusté al ver tanta cosa.
— "Doña Carmen, yo no sabía que esto iba a pasar y no tenemos donde ponerlo", le dije.
— "Pero Sandra, es que no se puede quedar aquí. Es demasiado y no tenemos el espacio", dijo.
— "Tiene razón y ustedes han sido más que buenos con todo el que llega aquí Doña Carmen, pero imagínese. Nada. Resolvemos. Lo metemos en nuestros carros", respondí casi sin pensar.

Así que no nos quedó otra opción que empezar a llenar nuestros carros. Ada Jitza, Alfonso y yo llenamos cada uno nuestras guaguas a capacidad. En mi carro solo quedó espacio en el asiento del conductor y el del pasajero, pero en el de Ada Jitza y Alfonso hasta los de pasajeros quedaron llenos de las bolsas y cajas.

— "Esto es cosa de locos.", pensé.

Me fui esa noche oscura hasta mi casa, pensando qué haríamos con las ayudas.

Día 22 *post* huracán María: Noticia alentadora desde Carolina.

En la Tierra de Gigantes trabajan como debería hacerse en todos los municipios de Puerto Rico y en el gobierno central: sin posar para la foto, sin sacar millaje político del dolor ajeno, sin poner en Twitter y Facebook lo que entregan, y visitando comunidad por comunidad.

Me consta que esta noticia es cierta ya que desde el día siguiente del paso del huracán María es lo que he corroborado. Ellos hicieron un censo y saben lo que verdaderamente pasa en el Municipio de Carolina. Además, enviaron diversos grupos de voluntarios y empleados a varias comunidades a la vez. Sé que hay barrios en los que todavía hay problemas, como el barrio Cacao y otros, pero la situación en Carolina está mucho mejor coordinada que por ejemplo en San Juan (y es también del mismo partido Popular) o que en Arecibo y Guaynabo (que son PNP).

En Bayamón, que es PNP, pasa algo parecido a Carolina. Allí el alcalde dijo que se están tomando su tiempo de limpiar las carreteras para "hacerlo bien" y no dañar más los cables eléctricos. Hay comunidades con necesidades, pero jamás compara al caos de otros lugares.

Los demás municipios y el gobierno central deben emular este ejemplo de Carolina y de Bayamón.

14 DE OCTUBRE 2017

—.—

Día 23 *Post* huracán: Arecibo

Hoy fue un día intenso de trabajo y a nivel familiar. Estuve en Arecibo en varios barrios que están prácticamente aislados del mundo. Fuera del área metro realmente no importa si no hay luz o Internet. Lo que quieren es agua y comida.

Selfie en ruta
hacia Arecibo.

—.—

Por eso fuimos cargados, cada uno en su guagua con suministros. Repartimos aquí lo que el senador Eric Correa y los miembros de AEELA llevaron a Wapa Radio hace unos días. Fui con Ada Jitza Cortés, con Francisco Quiñones y con Alfonso Madrid y su esposa. Llegamos a varios puntos del Municipio de Arecibo, algunos que Ada y Francisco ya habían visitado cuando corroboraron las denuncias de radioescuchas sobre la falta de ayuda y el abandono de las autoridades.

Después de las denuncias se movilizó gente del Municipio y de la Cruz Roja, pero solo en ciertas áreas. La realidad es que todavía tienen hambre. Mucha hambre. Pero, por otro lado, en el pueblo vimos empleados municipales que empezaban finalmente a recoger los escombros en las carreteras, algo que habíamos denunciado.

Puente que colapsó en el Barrio
Jurutungo de Arecibo. Foto mía.

Frente al puente que colapsó en el barrio Jurutungo de Arecibo. De izquierda a derecha los periodistas Ada Jitza Cortés, Francisco Quiñones, el Dr. Alfonso Madrid y yo. La foto la tomó en mi celular la esposa del Dr. Madrid.

En el barrio Jurutungo colapsó un puente y la única vía de acceso que queda está por desaparecer.

En el barrio Jurutungo colapsó un puente y en la única vía de acceso que queda está por desaparecer porque el río ya se llevó un carril y está por llevarse el que queda. No sé cómo me atreví a guiar por ese camino, creo que fue el deseo de ver a la gente... Los encontré con las caras marcadas por el dolor y el hambre. Parece otro mundo, remoto, ajeno a eso que nos creíamos que era Puerto Rico.

Desesperados, salían viejos, mujeres, niños y hasta decenas de perros, todos polvorientos, con ojos brillosos, como si hubieran pasado muchas noches llorando. Nunca pensé ver así a Puerto Rico.

Les dimos lo que podíamos de lo que nos donaron en la estación miembros de AEELA (Asociación de Empleados del ELA) que me habían llevado a la emisora días antes. Consistía en unas 100 compras de arroz, habichuelas, salchichas y salsa, atún, agua y otros artículos de primera necesidad desde pasta dental hasta toallas sanitarias y pañales para personas encamadas. También muchas bolsas de ropa. Eran más de 80 bolsas de compra. Comparto estas fotos como muestra de que la ayuda sí llegó a quien la necesitaba.

14 DE OCTUBRE 2017

—•—

Ada Jitza, sabiamente, llevó una lata de galletas llena de comida de perros y pudimos alimentar a las mascotas también. Mañana ella y Francisco regresan a varios sectores a terminar de repartir las bolsas de ropa que faltan.

Yo regresé antes a San Juan, mientras el grupo seguía repartiendo cosas en Arecibo, porque debía llevarle a Don Héctor, las ayudas que habían llevado para su hija. Ese fue el señor que había gastado todo su salario en ayudar a su familia y necesitaba pañales para una niña encamada de 28 años, y con múltiples condiciones. La familia vive en Río Piedras, pero son oriundos de Patillas. Él y su esposa estaban bien agradecidos.

—•—

Mucha gente donó. Algunos anónimamente; llevaron ropa, pañales y otros artículos para esa familia que vive de una mísera pensión de $400 al mes. La habían gastado una semana atrás, en una compra que le llevaron a parientes en Patillas que habían perdido todo. O sea, una familia pobre se desprendió de lo poco que tenía para ayudar a otros en peores condiciones. Existen los milagros, porque los radioescuchas recompensaron ese desprendimiento.

Ayudando a personas que perdieron todo.

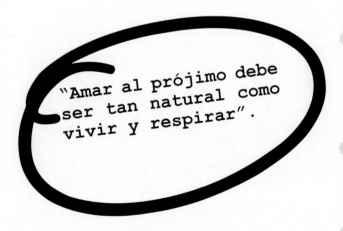

"Amar al prójimo debe ser tan natural como vivir y respirar".

Fui con mi hija a entregarle las ayudas a esa familia de Patillas. La foto la tomé yo.

Reconozco públicamente a los jóvenes de la Farmacia Gloriana de Quebradillas, por llevarle una compra a esa familia en tanta necesidad. Llevan tiempo ayudando a muchos. Igualmente, gracias a todos los que cooperaron. Mañana les llevaré lo que me dejaron en la estación.

Repito lo que dije al aire, citando a la Madre Teresa de Calcuta: "Amar al prójimo debe ser tan natural como vivir y respirar". A veces olvidamos eso, pero en momentos como el que vive Puerto Rico, ver la solidaridad con el que sufre, nos da esperanzas. Me toca el corazón seguir viendo como desde los medios de comunicación podemos cumplir con muchos fines sociales, como hemos hecho en esta cobertura desde Wapa Radio gran cantidad de periodistas, empleados y voluntarios.

Termino el Día 23 *post* Huracán María con alegría, luego de comprobar otra vez que el periodismo comunitario y solidario, puede ayudar a construir un mejor Puerto Rico. Hoy dormiré tranquila, con la satisfacción de saber que todos juntos, como pueblo solidario que somos, nos vamos a levantar.

15 DE OCTUBRE 2017

Día 24 *post* huracán María: Añasco, fantasmagórico y escalofriante.

Ya no sé que pensar. Solo siento. Dejo latir mi corazón, que se rompe en mil pedazos con cada historia, con cada lágrima, con cada sufrimiento. Hay dolor, pero a la vez, late de esperanza, y se reconstruye. Se recompone con cada latido rápido que vibra al ver que aún con los retos, no nos quedamos quietos.

(Se entra al pueblo de Añasco por el cementerio. Muertos en vida parecen todos con el nivel de destrucción. Foto de Pablo Pantoja)

Eso pasó en este rápido recorrido por Añasco. Se entra al pueblo por el cementerio. Nada más fantasmagórico que caminar entre los muertos para buscar los vivos. Los que quedaron. Esos caminantes que deambulan todavía entre el fango, el hambre y la desolación.

La escalofriante escena fue de noche; iluminado por las luces de la *pick-up* de Pablo, aparece un rubio barbudo que no ha dejado de ayudarme. De ayudarnos.

El fotoperiodista Pablo Pantoja, ha estado trabajando y acompañándonos en este esfuerzo voluntario que seguimos ininterrumpidamente desde Wapa Radio. Y mientras las escenas siguen dando miedo en Añasco, y en muchos sitios, Ada Jitza Cortés y Francisco Quiñones, siguen hoy repartiendo ropa, pero ya no en Arecibo, sino en Barceloneta. Más tarde me confirman y compartiré también sus historias.

15 DE OCTUBRE 2017

Pablo, captó cuando a un señor le dio con intentar sacar el fango que se había impregnado en las paredes de su casa. El agua había subido varios pies, y todavía ayer y hoy sigue sacando escombros. Por ese afán se negó a dar su nombre. No hay necesidad de preguntarlo, solo respetar esta encrucijada en la que vive.

De eso se trata. De ver y de contar lo que importa. De ayudar y de estar presentes, afuera del aire acondicionado y lejos de los cabilderos y publicistas que siguen paseándose entre militares, gente de FEMA, jefes de agencia; y otros por el COE ese, Centro de Operaciones de Emergencias en el Centro de Convenciones.

Es en la calle donde están las historias, donde está la gente. Es donde se halla la verdad. Es en la calle donde está Puerto Rico.

(Foto tomada por
Ada Jitza)

Me río... Estoy sin luz desde Irma y María, pero de pronto veo más de 20 camionetas de *Liberty* en mi urbanización. ¿Cómo? Sin luz, sin recoger basura, sin recoger escombros... Vamos bien...

—•—

Lamentablemente acabo de confirmar con la gerencia del Sistema Universitario Ana G. Méndez, "SUAGM" la cesantía de todos los empleados en el Canal 40. Coincide con lo que pasa en GFR Media. #postHuracanMaria

En breve, leo el comunicado.

—•—

Hoy veo como los artistas puertorriqueños se unen para tratar de levantar el país. Gracias a Ricardo Cordero que me puso en contacto con Pirulo, y este joven llegó y estuvo toda la noche con nosotros...
Gracias a Pirulo por sacar ese ratito hoy para llevarle palabras de aliento a Puerto Rico a través de la radio.

17 DE OCTUBRE 2017

Hoy recibí una de las mayores e inesperadas sorpresas en mi vida. Eileen Albizu, nuera del patriota, Don Pedro Albizu Campos y esposa de su hijo, Don Pedro Albizu Meneses, me envió una carta que me emocionó hasta hacerme llorar. Primero por el contenido, segundo porque me brinda ayuda para la gente que me escucha por la radio, y tercero, porque no se me escapa la ironía de que estoy colaborando desde Wapa Radio, una emisora cuyos dueños son estadistas, pero que han entendido que hay que rescatar al país. La carta dice así:

¡Saludos! Perdonen el papel. Fue lo que pude encontrar a última hora. Me encanta su programa por su humor, cariño y preocupación genuina para las personas no-privilegiadas de nuestra nación.

Les estoy enviando ropita para las niñas y niños de la Escuela Pedro Albizu Campos. ¿Por qué? Soy la viuda de su hijo, Pedro Albizu Meneses, y conocí a Don Pedro conociendo a su hijo.

Les estoy enviando ropa para no-niños y no-niñas. Si las niños y niños necesitan ropa, los adolescentes y adultos también.

Esto lo hago por la hija de Don Pedro, Doña Laura, y por los nietos y todos los descendientes de Don Pedro, y agradezco al Partido Nacionalista-Movimiento Libertador, por su aportación.

Para terminar, tengo unos muebles que pueden ser un resuelve hasta que puedan contar con los muebles que las personas quieran y pueda comprar. Mi teléfono es XXXXXX y vivo cerca de la estación de radio. Si les interesa la oferta, por favor, llámenme.

Queridos periodistas y galeno

¡Saludos! Perdonen el papel.
Fue lo que pude encontrar a
última hora. Me encanta su programa
por su humor, cariño y preocupación
genuina por las personas no-
privilegiadas de nuestra nación.

Les estoy enviando la ropita
para las niñas y niños de la
Escuela Pedro Albizu Campos.
¿Por qué? Soy la viuda de su hijo,
Pedro Albizu Meneses. Y conocí a
Don Pedro conociendo a su hijo.

Les estoy enviando ropa para
los no-niñas y no-niños. Si las
niñas y niños necesitan ropa,
los adolescentes y adultos también.

Esto lo hago por la hija de
Don Pedro, Laura, y por los nietos
y toda la descendientes de
Don Pedro. Y agradezco al Partido
Nacionalista - Movimiento Libertador
por su aportación.

Para terminar, tengo unos
muebles que pueden ser un
resuelve hasta que puedan
encontrar los muebles que
las personas puedan y quieran
comprar. Mi teléfono es el
_____ y vivo cerca de la
estación de radio. Si les interesa
la oferta, por favor llamenme.

Atentamente

Eileen Albizu

P.D. De venir, que sea de día
No tengo luz.

Pero ven acá... ¿Dónde estaban las compañías de teléfonos y de Internet defendiendo a los consumidores durante todas estas semanas? Estos son los mismos que cobran sin dar el servicio...

(Foto por Pablo Pantoja)

Estas personas se escondieron y no dijeron nada. ¿Tenían algún plan? Ahora salen y dicen que si no hay telefonía es porque no hay electricidad. Pero en la misma página de la Comisión Federal de Comunicaciones se evidencia que hubo colapso en las telecomunicaciones desde el huracán Irma. ¿Por qué le mienten al público que son sus clientes? ¿Acaso las telecomunicaciones no son un servicio esencial?

Los pretextos que le dan a la prensa, que es favorable con ellos, son una falta de respeto al pueblo. Culpar al gobierno y a Energía Eléctrica de su incapacidad de dar servicio es un chantaje. ¿Por qué no invirtieron en infraestructura ellos? Poniendo sus cables en los postes de Energía Eléctrica, así cualquiera tiene negocios... ¿Cómo es que estas empresas siguen impunes?

Cuando hay gente que pasa hambre, hogares de ancianos, hospitales y municipios totalmente incomunicados, es una falta absoluta de respeto que no rindan cuenta. Peor aún, que el gobierno los proteja.

Lo digo claro. Los familiares, amigos y vecinos de toda persona que murió o se agravó de salud porque están incomunicados saben quiénes son los responsables: las empresas de telecomunicaciones.

—•—

USS Confort era el barco-hospital al que casi no querían mandar enfermos. Creo que la competencia no les convenía a los hospitales privados que facturan por cada paciente mientras que este barco de la Marina es gratis... La jaibería del puertorriqueño brota aún en la crisis. (Foto por Pablo Pantoja)

18 DE OCTUBRE 2017

Escribir es como parir.
Duele. Te roba el aire.
Cuando sale,
el éxtasis es inmenso.
Casi
como el buen sexo...
Estoy escribiendo.
Pensando.
Redactando.
Anotando.
Llorando.
Riendo...
y más que nada...
Peleando.
Se pelea,
se lucha.
Se vive
Se ama...
Y se escribe...

(Esto se lo escribí como respuesta a una propuesta abierta que hizo Mayra Santos Febres para que escribiera sobre el huracán María)

19 DE OCTUBRE 2017   Y 20 DE OCTUBRE 2017

Date una vueltita por el Centro de Operaciones Especiales en el Centro de Convenciones y verás 3 tipos de aves de rapiña endémicas de Macondo:

1 Los bonafide
2 Los vela güira
3 Los truqueros

Es nuestro nuevo paisaje urbano después del huracán, y se la pasan buscando contratos allá en el COE...

Y así, mientras unos bendecidos se las buscan y se hacen ricos con el dolor del pueblo, se nos vacía cada día más la isla. Un 14% de la población de Puerto Rico se irá entre el 2017 y el 2019, según anticipa un estudio de Hunter College... ¿Y nuestros líderes? Bien gracias. Que siga la jauja.

Entonces yo, que me siento asfixiada por este inmovilismo que nos destruye como pueblo, busco el aire y lo encuentro en artistas de todas las generaciones y estilos. Por eso invité al comentarista social y *stand-up comedian*, Chente Ydrach, y al espectacular virtuoso del piano y maestro, Pijuán. Con Chente los *millenials* se sienten representados mientras que con Pijuán y su cantante Edward, apelo a los *Babyboomers*. Porque de eso es que se trata. Construir un país con lo que tenemos, con nuestra realidad. A los jóvenes en un podcast y a los mayorcitos con una bohemia del ayer.

Aquí con el gran Chente Ydrach en la Cadena Wapa Radio. Gracias por tu apoyo a esta gestión de periodismo comunitario que estamos haciendo.

Chente Ydrach me pidió hacerse un *selfie* con mi celular, después de estar más de 40 minutos tratando de arreglar el mundo conmigo.

Chente Ydrach, Ada Jitza Cortés, Alfonso Madrid, Pijuán Piñero, Edward y yo en la antesala de una bohemia radial para esos cientos de miles de personas que están todavía sin electricidad en sus casas.

Todo el mundo se queja de la oscuridad. Yo añoro que mi hija no convulse nunca más.

—•—

"Puerto Rico no hay que levantarlo. Se levanta lo que está en el piso o derrotado. Hay cría boricua. Se cayeron árboles, se cayeron techos, pero los boricuas jamás". Palabras con sabiduría y verdad que recibo de un gran patriota viequense y amigo, que con su vida lo demuestra a diario: Don Ismael Guadalupe.

22 DE OCTUBRE 2017

Percepción vs. Realidad. Analizando el proceso informativo de los medios noticiosos, siento que insisten en llevar noticias ajenas en lugar de lo que le importa a la gente. Siguen con la política partidista y el tema eterno del estatus controla la discusión en radio, prensa y televisión, cuando a la gente lo que le importa es saber cuándo volverán a su vida normal. La información está completamente alejada de la vida real, parecería que tratan de maquillar la realidad para evitarse el dolor de reconocerse perdidos ante el dolor. ¿Será eso?

"Esta es la nación más confiada del planeta: con muchos tiquismiquis entre nosotros, pero muy confiados de lo que nos dice el extranjero", dijo una vez Don Pedro Albizu Campos. Seguimos siendo lo mismo. Le creemos a los de FEMA, aunque no distribuyen los toldos azules a los *sintecho*, con la urgencia que se necesita. Por eso vuelvo y recuerdo a Don Pedro cuando dijo: "Tenemos que decirle a nuestra Patria la verdad y la enorme desgracia que gravita sobre ella."

—•—

Más líos con los suministros:

Arecibo

Mientras la ciudadanía reclama agua potable y alimentos, la comida la dejan al lado de ratas. Se trata de cajas de agua y comida de FEMA que han sido guardadas dentro del antiguo edificio Oliver aledaño a la Casa Alcaldía de Arecibo. Esa es una instalación enferma que actualmente se filtra, y en donde las ratas campean por su respeto.

Es intolerable que no se haya distribuido a la ciudadanía. ¿Por qué esos suministros para los damnificados del huracán están ahí en vez de estar en un centro de acopio?, pregunto yo. No cejo en mis denuncias que parecen caer en los oídos sordos de las autoridades que no quieren atender la realidad. El Alcalde de Arecibo, Carlos Molina, no quiere dar cara. Aquí las fotos.

Edificio abandonado y oculto tras los escombros, en donde esconden los suministros en el Municipio de Arecibo.

22 de octubre 2017

**Cajas de comida
y suministros
escondidos
en un edificio
abandonado.
¿Por qué?**

Mientras en los barrios de Arecibo pasan sed y
hambre, en el pueblo esconden las cajas de agua
en un área donde pasean las ratas.

Sandra D. Rodríguez Cotto

23 DE OCTUBRE 2017

Recetas para espantar los mosquitos:

Nenuco con esencia de eucalipto es el mejor repelente para los mosquitos, recomienda la agrónoma Maribelle Marrero. Limón con clavos también funciona.

El mejor
repelente.
Foto por mí.

Limón con
clavos para
espantar
a los
mosquitos.

Hoy es difícil aceptar que el turismo no se recupera.

Clarisa Jiménez, presidenta de la Asociación de Hoteles y Turismo me expresó en vivo la preocupación por los hoteles afectados por el paso del huracán. Y yo me pregunto: ¿Puerto Rico lo hace mejor? ¿Somos la isla del encanto o del espanto?

25 DE OCTUBRE 2017

***Trick or treat*: "No te escondas que te vi".**

Halloween es la semana que viene, pero el huracán María hace rato que lo adelantó. En Puerto Rico seguimos viendo monstruos en todas partes. Hay escenas de terror con pueblos destruidos, y abundan los disfraces y los fantasmas. Como dice la canción la gente quiere "chavos y no maní" porque lo necesitan para reconstruir sus vidas, y perciben que las ayudas no llegan. En el fondo es como si le respondieran al gobierno "no te escondas que ya te vi". Con cada día que pasa el pueblo sabe la que hay. El miedo que sentían los puertorriqueños los primeros días después del huracán se ha ido transformando en coraje y rabia porque saben que no se dice la verdad.

Persiste la percepción de que el gobierno, los federales y hasta FEMA están "truqueando" con todo. Trucos con las ayudas, trucos con lo que viene por el correo y se lo roban, trucos en los precios de alimentos y gasolina, y más que nada, truco con lo que dicen y con lo que de verdad hacen. Trucos con los mensajes. Es el doble discurso y las medias verdades. Los embustes que solo ellos se creen.

¿Cómo van a decir que Puerto Rico se levanta si la inmensa mayoría de la gente no tiene luz, agua y sigue incomunicado? ¿Por qué insisten en ese discurso de falso optimismo cuando aquí hay cientos de personas están pasando hambre? Sí, hambre. Esa es una verdad irrefutable.

Ya el slogan ese de "Puerto Rico se levanta" molesta porque no se justifica que, con tanta necesidad, se gasten miles en anuncios de imagen y no de información. No estamos en campaña política ni en año de elecciones. Estamos ante una hecatombe para miles de ciudadanos que lo han perdido todo, y que día tras día, se

enfrentan a gente disfrazada que se niega a hablar con claridad.

¿Un ejemplo? El tema de los muertos. El infame día en que vino el presidente Donald Trump, el número oficial que el gobernador Ricardo Rosselló dijo en rueda de prensa es 34. Ayer dijeron que subió a 51, pero en la prensa americana, como el diario USA Today, se alega que la cifra real puede ser más de 400.

¿Otro ejemplo de cómo se perciben trucos? Cuando el Gobernador dijo que para el 15 de diciembre el 95% del país tendría electricidad, pero al día siguiente de sus expresiones, el portavoz del Cuerpo de Ingenieros, dijo que eso sería posible para mayo de 2018.

Y mientras tanto, no explican la contratación de Whitefish, una empresa que no tenía empleados, pero estaba vinculada a los republicanos. Se niegan a explicar quién cabildeó y logró ese contrato habiendo empresas con más pericia y recursos en Estados Unidos. y en otros países que ofrecieron ayuda a Puerto Rico. ¿Habrá encubrimiento? Esa es la pregunta.

Es comprensible que Rosselló y su gobierno quieran mostrar que hay que ser positivos para salir de esta crisis que dejó el huracán. Después de todo, el líder no puede mostrarse débil ni negativo todo el tiempo. El problema es que se tiene que hablar con la verdad porque se empieza a percibir algo de crueldad en el libreto optimista. El mensaje ese de que en el gobierno todo está bajo control tiene el efecto de que tanto el propio gobernador como su administración pierden credibilidad porque la gente sabe que no es cierto.

¿Doble mensaje? Cuando el secretario del DACO dice que investigará comercios, pero los dejan por la libre y el consumidor entiende que así les permiten que cobren hasta $16 por una caja de agua. La Epidemióloga de Estado dice que no hay epidemia de leptospirosis, pero al otro día, salen varios funcionarios a decir que siguen en aumento los casos sospechosos de posible contacto.

¿Fantasmas? A la mayoría de los jefes de agencia los tienen callados y sus expresiones medidas, controladas desde Fortaleza. Los asesores tienen que pedir "clearance" para determinar si el periodista que pide entrevistarlos es "bueno o malo". Es decir, si el periodista hará preguntas reales o se conforma con el comunicado de prensa digerido, que entregan en las conferencias. Si es de los primeros, les niegan el acceso.

Por eso es que aún en medio de esta situación, casi no se escuchan ni el Secretario de Salud, ni la Secretaria de la Familia, y desaparecieron del mapa a otros como a la Superintendente o al Jefe de Manejo de Emergencias. Los portavoces son en su mayoría abogados que solo dan informes de datos generales, pero no pueden explicar temas en detalle porque no entienden o dominan el tema.

Son obvios esos disfraces de los funcionarios del gobierno. Es más, con dar una vuelta por el Centro de Operaciones Especial (COE) del Gobierno en el Centro de Convenciones se ve todo un desfile, desde G.I. Joes hasta monstruos, vampiros, superhéroes y hasta Teletubbies. Todos se esconden bajo la impostura de decir cosas que en realidad son propaganda, un *show* para las gradas.

Pero los más peligrosos de todos son los medios de comunicación. Esos pueden también llegar a ser verdaderos monstruos porque muchos se prestan para el juego de la propaganda y desinformar.

Hay unas honrosas excepciones que están investigando, reportan la verdad y hacen las preguntas necesarias, pero el gobierno los bloquea. Otros, que son buenos periodistas, sencillamente no están en las conferencias de prensa del Gobernador.

25 DE OCTUBRE 2017

Por eso abundan los que compran el libreto y se conforman con el comunicado que les dan. También están -porque los he visto y señalado de frente- los que se prestan para hacer las preguntas que el jefe de agencia o el director de prensa de un político les dijo que hicieran. Esos son los mismos que aprovechan el aire acondicionado y el Internet del COE para trabajar y rápido cogen el "ticketcito" de almuerzo caliente que cachetean de fondos públicos allí. Vergüenza debería darles mientras hay gente sin techos, sin casa y hasta con hambre en muchas partes del país. Eso no es periodismo. Eso es un asco. Hay que salir del COE para que vean la realidad que vivimos. Solo así pueden regresar al mismo COE a hacer las preguntas importantes.

Al otro lado están los federales, los militares y FEMA. ¿Po qué no los fiscalizan adecuadamente? ¿Será porque la mayor parte de los periodistas no saben hablar inglés y tienen miedo de cometer un error? Miedo les debería dar a ellos por estar obligados a contestar. Somos ciudadanos americanos y su presencia en Puerto Rico, nos guste o no, no es un favor. Es un deber.

Por eso es por lo que se ve más periodismo y más fiscalización en la prensa americana que en la de aquí. Algunos en el gobierno ya intentan manipular a la prensa estadounidense. Se ve, por ejemplo, en el trato y accesos que le dan a figuras como David Begnaud versus lo que no le quieren contestar a los periodistas de aquí que reportan desde la calle, no desde el COE. Todo eso el pueblo lo ve y lo aquilata.

Es por estas razones, que se afecta la credibilidad en el gobierno y en gran parte de la prensa local. Del miedo al huracán y el *shock* por la destrucción que dejó, pasamos todos a la tristeza por lo que perdimos. Eso sigue provocando que muchos traten de salir del país, pero poco a poco, caemos en la etapa del coraje. La gente se molesta porque entiende que no les están diciendo la verdad. Hay truco en lo que se comunica y en lo que se hace.

La comunicación tiene que ser veraz. Para que el pueblo que recibe el mensaje del gobierno crea en lo que se dice, no puede haber barreras en esa comunicación.

No se puede comunicar únicamente para la televisión -como hacen algunos políticos tales como la Alcaldesa de San Juan, Carmen Yulín Cruz, que prefiere solo conceder entrevistas a los reporteros de ese medio o a la prensa americana, mientras la inmensa mayoría de la gente no tiene ni electricidad ni cable para ver los telediarios.

Tampoco se puede comunicar el libreto de cifras general cuando hay detalles que no se contestan como el hecho de que todavía hay sectores en el país con gente sufriendo, que, a más de un mes del huracán, no los han visitado.

No se puede hablar de que "Puerto Rico se levanta" si no explican cuántos empleos se han perdido, ni qué están haciendo para mover la economía, evitar que más industrias muevan sus operaciones de aquí o qué va a pasar con los millones que sigue gastando la Junta de Control Fiscal.

El proceso informativo y el discursivo deben ser cónsonos con la realidad que vive la gente. No pueden ser espejismos y fantasías. Eso es propaganda. Hay demasiadas preguntas sin responder que necesitan ser contestadas.

Esto no es un juego de niños ni estamos "tricoteando" como si fuera Halloween. Esto es de vida o muerte para Puerto Rico. La gente sabe la que hay. "No te escondas, que ya te vi".

Fila para hielo en Arecibo. Pablo Pantoja.

Fila para gasolina, en Cataño.

26 DE OCTUBRE 2017

<u>Pensamientos cotidianos:</u>

—Cada mañana mi pensamiento es: ¿Qué fila puedo hacer hoy?
—El agua viene y va, así que aprendí a guardar el agua en potes de Suavitel y ahora cuando me baño huelo a Fresca Primavera todo el día.
—Me siento como de 87 años acostándome a las 8 P.M. y levantándome a las 5 A.M.
—El camión de la AEE está como mi vida amorosa, se detiene frente a casa, cruzamos miradas, y cuando más ilusionada me siento, se aleja lentamente dejándome el corazón destrozado.
—He leído un montón. Entre las lecturas están las de los juegos de mesa. Descubrí que estaba mal al poner el dinero de los impuestos del Monopolio en *Free Parking*. Llevo cometiendo fraude desde el 1989 y haciéndome rica por *fucking* no leer instrucciones.
—Lo único bueno del huracán es que ya nadie se acuerda de Indy Flow ni Jovani Vázquez.
—A estas alturas si le pones el uniforme escolar a tu hijo va a pensar que es un disfraz para Halloween.
—Puerto Rico ha florecido... Ha florecido el pillo, el listo, el truquero y el chanchullero.
—Para bajar el "stress" necesitamos al *Team* Rubio de vuelta y que los nativos se pinten el pelo amarillo para que vuelvan a parecer un Q-tip sucio y así podernos reír de ustedes.
—Quiero ser parte del positivismo que se está forjando en el nuevo Puerto Rico, así que empecé por no gritarle "¡cabrón abusador!" a uno que estaba vendiendo aguas de las que le dio FEMA a peso en la luz.
—Cuarenta mil se han ido de Puerto Rico, pero todavía el tapón es satánico. Necesito que se vayan 40 mil más.
—En fin, seguimos al pie de lucha en *Zombieland*. Sigue lloviendo, los toldos no llegan, señal pobre, sin agua, sin luz, usando palomas mensajeras para poder comunicarnos, gente conduciendo a lo *culoe'res*, etc. La cosa sigue igual o peor y lo más probable es que cuando Puerto Rico se levante la nena de Adamaris va a tener como 56 años. Aun así vamos a meterle *dembow* como se pueda y hasta dónde se pueda.

—•—

Conciencia nunca dormida. Mudo y pertinaz testigo. Que no deja sin castigo, ningún crimen en la vida.

—•—

Última Hora: Hoy anuncian 56 despidos en GFR Media, empresa que ha botado a más de 300 en los últimos dos años. La semana pasada fue cierre total en el Canal 40 Sistema TV de Ana G. Méndez.

Las empresas buscan rendimiento.
Los periodistas cuestan demasiado.
Así se mide su valor en el Puerto Rico post María.
#Crisis #Medios **#Triste**

¿Rosselló, Ramos y la AEE entregan otro contrato por $300 MILLONES y no es Whitefish?

Decálogo de un pescao que apestó...

1 Weather Channel revela que una diminuta empresa de Montana de dos empleados consiguió un contrato por $300 millones para levantar el sistema eléctrico en Puerto Rico. Resultó ser Whitefish.
2 La noticia revienta en la prensa de la metrópolis. Lo levantan los canales de EEUU, CBS, ABC y periódicos como The Washington Post. Entonces reacciona el Director Ejecutivo AEE y después de un tirijala admite la existencia del contrato.
3 A la prensa local no le quedó más remedio que cubrir la noticia. La complicidad de ciertos medios con el gobierno no pudo mantener el silencio por más tiempo.
4 Carmen Yulín aprovecha y empieza a criticar. La empresa entonces amenaza a la alcaldesa de San Juan, por Twitter, de quitarle las brigadas que levantan postes eléctricos. Ante las críticas del pueblo, después pide cacao.
5 Pasan los días y sigue la especulación. La gente, molesta. Siguen sin luz y la luz del pillaje los alumbra. El Gobernador Ricardo Rosselló en "crisis mode" porque primero defendió a capa y espada el contrato, y puso a sus subalternos a hacerlo. Ahora se quiere alejar.
6 La Alcaldesa de San Juan y el excandidato presidencial Bernie Sanders critican el aparente esquema entre Whitefish y el gobierno de Puerto Rico.
7 Vinculan al amigo del Gobernador, Elías Sánchez, y luego éste niega ser quien trajo a White Fish.
8 Gobernador dice que se distancia y Casa Blanca se quiere alejar.
9 Thomas Rivera Schatz pone por escrito las diferencias. El tiburón siempre vela cuando hay sangre en el mar para entonces tirar su charrascaso.
10 Gobernador ordena cancelación del multimillonario contrato. El *pescao abombao* siempre apesta.

Sandra D. Rodríguez Cotto

Sor Purificación

Del latín "purificatio", dice el Diccionario de la Real Academia Española que purificación significa la acción y el efecto de purificar o purificarse. También dice que así se le llama a cada uno de los lavatorios con que en la misa se purifica el cáliz después de consumido el sanguis. Además, se le llama así a la fiesta que el 2 de febrero celebra la Iglesia en memoria de cuando la Virgen María presentó a su hijo en el templo a los 40 días de su parto. Como quiera que sea es una palabra asociada a la fe, a la religión. Sinónimo de depuración, saneamiento, limpieza, purga, catarsis.

Lo menos que me iba a imaginar yo era que esta Cobertura Especial me regalaría a una amiga que se llama Purificación, que es monja y que al momento en que escribo estas líneas, nunca la he visto personalmente, aunque hablo con ella con regularidad y nos comunicamos por WhatsApp a diario.

Sor Purificación, de la orden de las hermanas de Fátima, y toda su congregación, han sido algunas de las más consistentes colaboradoras de los periodistas que estamos en Wapa Radio. Calladitas, escuchaban la emisora e iban anotando nombres para luego ir a ayudarlos directamente. Fue así como llegó hasta el hogar de una mujer víctima de violencia doméstica que era acechada por su pareja y me llamó a la emisora para denunciarlo. La joven había quedado ciega parcial por los golpes que recibió de su marido, quien tenía varias órdenes de protección, pero él seguía acechándola. En la oscuridad de las noches sin electricidad tras el huracán, esa mujer temía por su vida.

La llamada de la joven se cayó por los problemas con las telecomunicaciones, y estuve por más de una semana llorando en silencio, pero pidiéndole a diario al aire que nos contactara. No sabía yo que, al otro día de esa llamada inicial, ya Sor Purificación y las monjitas la habían visitado y rescatado. Ese caso lo resolvieron y como a las dos semanas fueron ambas por Wapa a conocerme, pero yo no estaba de día. Así que no las conocí.

Después supe por Sor Purificación que había unos sacerdotes en necesidad, entonces llegó hasta la emisora una familia perteneciente a una iglesia Pentecostal que me ayudaban con los casos que salían al aire. Esa familia pentecostal trajo ayuda para los sacerdotes católicos y rápido los conecté con la Sor. Esa familia pentecostal que me exigió que nunca diera sus nombres, trabajó en coordinación con las monjas y sacerdotes, y ayudaron a miles de personas durante esos primeros cinco meses. Perdí la cuenta de todos los sitios a los que esa familia y las monjas fueron a ayudar, pero sé que Sor Purificación fue el motor, un dínamo, que se movía para socorrer a los más necesitados.

A Sor Purificación la trasladaron a finales del 2017 del convento en Yauco a uno en la República Dominicana, donde estará por varios meses. Siempre que hablamos o nos escribimos por texto, pienso que quiero conocerla en persona. Su ejemplo de vida, sin lugar a dudas, purifica cualquier pensamiento.

31 DE OCTUBRE 2017

Toque de queda...

Esta noche es el juego de la Serie Mundial de Béisbol y como es una tradición boricua, muchos irán a *pubs* o a barras a ver el partido y no a tomar Kool Aid. El juego es primero. ¿Si a esa persona le pasa algo al salir del negocio, tiene o provoca un accidente, o le hacen un *carjacking*, es responsable el negocio que lo dejó beber habiendo toque de queda?

POLICÍA: ¿Hacer bloqueos para evitar que esa gente borracha o volá, salga a un ambiente hostil en las carreteras? Recuerden que no hay luz ni semáforos y estamos bajo estado de emergencia. Hay mucha criminalidad y estamos en un país asustado.

ALCALDES: ¿No están como boca de lobos casi todos los pueblos? Recuerden que Puerto Rico no es San Juan.

NEGOCIOS: ¿Verdad que la mayoría de los negocios en Puerto Rico no son pubs o barras ni venden bebidas alcohólicas? ¿Por qué unos pocos están gritando en los medios y no les importa la seguridad? ¿Por qué no invierten dinero y ponen policías privados pagados por ellos a dar seguridad en las carreteras?

MEDIOS DE COMUNICACIÓN: ¿Una vida, vale una cerveza?

Estoy de acuerdo con el toque de queda en este momento y por este día. Eso le quedó bien al Gobernador.

1 DE NOVIEMBRE 2017

Día 42 *post* huracán María y hoy veo camiones enviados del Municipio de Guaynabo a recoger material vegetativo y escombros frente a casa.¡Por fin! Ya era hora, porque eso atrae sabandijas y enfermedades. En 30 años es la primera vez que dejan los escombros sin recoger y no soy la única que piensa en que el exalcalde venido a menos Héctor O'Neill, jamás lo hubiera permitido. Muchos le perdonan sus deslices sexuales porque nunca había basura en el pueblo. Algo así como cuando vienen las elecciones y hay quienes dicen "roban, pero hay dinero corriendo en la economía". La mente de todo colonizado es como la de los esclavos. La colonia produce el síndrome de Estocolmo.

2 DE NOVIEMBRE 2017

Acabo de llegar a mi casa para cambiarme los zapatos y para acabar de joder, descubro que he sido víctima de escalamiento. Esto es Guaynabo City y esto es la colonia donde vivo sin luz, después del huracán María. ¡Puerto Rico se levanta!

Estoy bien. Molesta, triste y pensativa, pero más que nunca, combativa.

Es como sentirse violada, violentada.

Lamento lo que está pasando en mi país, en todos los sentidos, y que viví hoy en mi casa.

Todavía no sé qué me robaron, si algo, porque las computadoras están bien. No las tocaron. Ni las *laptops*. Es raro. Sí, dejaron un reguero horrible. La Policía llegó rápido. Si la intención es que coja miedo, pues, yo no robo, no tengo contratos con políticos ni con gobiernos, y no miento. Más que nada, no me callo ante las injusticias. Quizás eso le moleste a la gente. Yo seguiré, con los ojos abiertos, tratando de hacer un Puerto Rico mejor. Yo no me rindo. Esta es mi patria. ¡Coño!

No la abandono en esta adversidad. Estoy viva, pienso, hablo y escribo. En eso se basa la democracia, ¿No? Soy libre y estos momentos, aunque difíciles, no nublan mi norte.

Mañana, celebraré mis 48 años, con el *lipstick* bien rojo. Recogeré los pedazos del reguero que dejaron los pillos, besaré a mi hija hasta que me diga "Ay Mamá, ya", abrazaré a mi madre, a mi padre, a mi perro, y seguiré luchando. En pie de lucha siempre.

Esto de seguir refugiada me tiene en un limbo que ya me desconozco. Estoy entre refunfuñar mientras releo al Gabo o vomitar leyendo a Coelho. Mejor decido entre Jovani Vázquez, Indy Flow o El Guitarreño.

6 DE NOVIEMBRE 2017

Este fue el mensaje que leí al aire y luego colgué en mi Facebook:

Ayuda urgente para Caguas:

Supimos de este caso en el programa de esta noche en WAPA Radio, y pido su cooperación.

Se necesita urgentemente leche en fórmula Nutramigen de 0-12 meses para un bebé de solo 3 meses de edad. Los padres del menor es el matrimonio de Henry Carrasquillo Giselle Cuadrado Burgos.

Esta familia LO PERDIÓ TODO.

Su casita de madera reventó. Perdieron TODO y no reciben ayuda ni de FEMA. Su nevera cayó barranco abajo y todavía la están pagando.

Viven en un cuartito con los padres del joven.

Buscan el agua en la colindancia de Cidra.

Necesitan agua.

Viven en el sector La Hormiga, Barrio Cañabón, sector Pozo Dulce en Caguas. Carr. 785 Kilómetro 3.0

Para información 787-xxx-xxx, 787-xxx-xxx

Hagamos patria y ayudemos a esta familia.

Gracias

Sandra Rodríguez Cotto

Aquí las fotos que acompañaron el mensaje:

Lo interesante es que este caso se solucionó en cuestión de horas. La Primera Dama de Puerto Rico, Beatriz Rosselló, la exsenadora independentista María de Lourdes Santiago, empleados de los municipios de Caguas y Cidra, y voluntarios de varias iglesias visitaron a esta familia y les dieron las ayudas de inmediato. Hasta un nuevo hogar le consiguieron a la mamá, quien además de tener un bebé estaba embarazada. Gracias a todos por ayudar.

7 DE NOVIEMBRE 2017

NOTICIA POSITIVA:
Renunció Ricardo
Ramos a la AEE.

Ahora yo pregunto:
¿Será eso positivo?

Platón decía algo que me apliqué hoy, mientras respiraba para no gritar de la rabia esa que nubla el pensamiento cuando una siente coraje y quiere insultar a alguien, pero se tiene que aguantar porque no es propio gritar y menos en un programa de radio ante un pueblo que lleva meses sufriendo desde el huracán María.

Decía Platón: "Tres facultades hay en el hombre: la razón que esclarece y domina; el coraje o ánimo que actúa, y los sentidos que obedecen".

Mi razón me dijo que tenía que denunciar lo que supe. El coraje al conocer la barbarie de algunos salvajes en este país me hizo actuar. Y mi sentido de amor a Puerto Rico me dijo que no podía callarme la boca. Por eso, sin pensarlo mucho, hice llamadas a agencias federales y estatales tan pronto denuncié por la radio y en mis redes sociales un crimen ambiental que se cometió contra un barrio, en una comunidad pobre de las muchas que hay en Guaynabo.

Esto fue lo que leí al aire:

Crimen ambiental contra una comunidad pobre en un campo de Guaynabo: Sé que la gente estará hablando de la renuncia o despido de Ricardo Ramos de la Autoridad de Energía Eléctrica, pero entiendo que esto también es noticia... y peligrosa. Anoche llegó hasta Wapa Radio un ciudadano a dar la siguiente denuncia de lo que aparenta ser un CRIMEN AMBIENTAL contra una comunidad pobre en un campo de Guaynabo.

Desconocidos descargaron basura, alimentos podridos y animales descompuestos en una quebrada en el Sector Cintrón, del Barrio Guaraguo, en Guaynabo. Las fotos que acompañan la denuncia pública son prueba IRREFUTABLE de esta situación. La denuncia la hizo el Sr. Juan

Como si eso fuera poco, en ese Sector Cintrón del Barrio Guaraguo, en Guaynabo, unas 900 personas, que en su mayoría tienen edad avanzada, llevan 75 DÍAS sin agua y sin electricidad.

7 DE NOVIEMBRE 2017

Hay unas bombas en un sector, que dijo que se llama López Cases, que llevan agua hacia Cintrón, pero como no tienen planta eléctrica, no hay servicio de agua. Irónicamente en sectores aledaños hay ambos servicios.

Eso me hace plantear las siguientes preguntas:

—¿Existe una Junta de Calidad Ambiental y un Departamento de Recursos Naturales?
—¿Hay una Autoridad de Desperdicios Sólidos o ya no opera?
—¿A cuánto ascienden las penas contra el que tiró esos desperdicios en una quebrada?
—¿Ha dicho algo la gerencia de la Autoridad de Acueductos y Alcantarillados sobre la falta del servicio de agua en ese sector?
—¿Se olvidó la AEE de este otro campo?
—¿No es allí donde nace el Río Guaynabo? ¿Dónde están los ambientalistas o es que se fueron con el huracán?

¡y más que nada...! ¿Han dicho o hecho algo las autoridades municipales? ¿El alcalde? Me dá curiosidad ver qué responden, si es que lo hacen.

Sandra D. Rodríguez Cotto

Abraham

— "!Hola Abraham! Qué lindo te ves, estás flaquito", le dije al llegar al salón para arreglarme las uñas y ver a quien por años fue mi peluquero.

— "Es que estoy a dieta", me dijo, sonriendo.

— "Pues comiendo Doritos no vas a rebajar", le contesto, pero de pronto veo que él empieza a llorar. "¿Qué te pasa?", le dije, con susto, mientras corría a su lado a abrazarlo.

— "Ay Sandra es que yo lo perdí todo en el huracán", me dijo.

Así fue como supe del caso de Abraham y cómo el huracán María le cambió la vida.

A veces una puede estar al lado de personas y no imaginar el dolor que están viviendo, así que le juré que lo iba a ayudar. Entonces tomé las fotos de un celular que él tenía y las pasé al mío. Le dije:

— "No te preocupes que hoy mismo lo digo por radio y en mis redes sociales, y mañana voy a tu casa".

8 DE NOVIEMBRE 2017

Entonces esto fue lo que escribí en mi página de Facebook y leí al aire en la radio:

Otra vez presento un caso de quien necesita ayuda urgentemente.

Hoy se cumplen 49 días del paso del huracán María y todavía hay personas que no tienen nada y no han recibido ni una llamada, ni una visita, y mucho menos algo de ayuda ni de FEMA, ni del Municipio, ni del gobierno, ni de las iglesias. De nadie.

Este es el caso de Abraham, que me *jamaqueó* el alma hoy al conocer su historia.

Conozco a Abraham hace más de 15 años. Es un ser humano extraordinario, de gran corazón. Es un hombre super trabajador, que logró su sueño de ser estudiante universitario, después de adulto.

El día del huracán Abraham empezó de nuevo. No sonaron las alarmas y el golpe del agua que provocó la apertura de una represa o el mismo río, por poco lo mata.

Lo perdió todo. Ropa. Comida. Carro. Libros de la Universidad. Computadora. Todo.

Abraham vivía en el barrio Ingenio en Toa Baja y tuvo que salir corriendo para salvar su vida.

El agua subió de inmediato y le inundó el carro. Llegó a unos 11 pies de alto. Está vivo de milagro.

Él, su pareja Manuel, y hasta su perro fueron rescatados en un helicóptero de FURA. Ahora viven refugiados en un minúsculo cuarto en la casa de un familiar.

Abraham consiguió que alguien le comprara un pantalón y dos camisas. Así las lava, y puede cumplir con su trabajo. Nunca ha faltado a sus labores, a pesar de no tener ni qué vestir. No tiene qué comer.

Por favor, si el alcalde de Toa Baja, FEMA, o La Fortaleza pueden ayudarlo, notarán que es un hombre de bien que merece ayuda.

Para información, pueden comunicarse al xxx-xxx-xxxx. O me pueden escribir para que los ponga en contacto.

Sus nombres son Abraham Vélez Figueroa y Manuel Bermúdez. Yo haré lo que pueda por ayudarlos. Todos tenemos que darnos la mano, especialmente cuando se trata de personas productivas que solo hacen bien.

Debo decir que jamás imaginé el impacto que tendría el relato de Abraham y Manuel, y las fotos que colgué. El "post" en Facebook fue compartido sobre 7,000 veces y recibí cientos de mensajes. Desde políticos hasta líderes de la comunidad LGBTT, banqueros, monjas, médicos y hasta reinas de belleza se comunicaron conmigo o directamente con ellos para proveerles todo lo que necesitaban.

No tenía idea que este caso fue el primero que se dijo públicamente de una pareja del mismo género. A mí eso no me importa. Abraham es mi amigo y necesitaba ayuda.

Se logró. El corazón de Puerto Rico es bueno.

8 DE NOVIEMBRE 2017

Jorobao Park

El huracán María nos ha convertido en un parque temático de la catástrofe. Congresistas, políticos, figuras de la farándula, dignatarios, hasta Trump, el vicepresidente Pence y la prensa internacional vienen a vernos como si fuéramos una atracción de lo que está fastidiado. En vez de ser Jurassic Park, nos ven como el Jorobao´Park.

Los traen para pedirles que nos den dinero. Algunos vienen con un "One-day-pass", como si fuera Disney, porque llegan por la mañana y se van por la tarde, antes de que caiga el sol. A muchos los montan en helicóptero como si fueran a ver a los aborígenes en chozas. Desde el aire los llevan a ver a los salvajes lavando ropa en riachuelos en tablas de lavar hechas de PVC, o tomando agua contaminada. Y desde aire nos miran como si este pueblo fuera el mono del circo. Así nos tratan.

Los políticos de aquí traen a la gente para montarle un llorao´. Se han convertido en guías turísticos del parque temático. Después que les dan el paseo, hacen como en Disney, y los llevan al *gift shop* a ver qué cosas están dispuestos a comprar del parque temático. Les dicen que necesitan toldos, puentes, más fondos para Medicaid o carreteras, que necesitan *cash flow* y que el Cuerpo de Ingenieros se deje de excusas y empiece a trabajar. Presentan las necesidades del pueblo como *souvenirs* en una tienda, pa´que el que viene, suelte los chavitos, y los que controlan aquí puedan seguir en el traqueteo, consiguiendo contratitos tipo Whitefish o como el del chef José Andrés.

El problema es que ya van casi 50 días en este jelengue y verdaderamente no pasa nada. Las cosas no se mueven. Tampoco nos dicen la verdad.

Me pregunto si la lentitud en la recuperación del país será adrede para poder mantener atractivo el Jorobao Park.

Si seguimos en estas, nos llegan el pavo, las navidades y hasta las Octavitas, a oscuras. Es más, las Fiestas de la Calle San Sebastián serán de día porque quizás no habrá luz en enero de 2018.

Y mientras tanto, los únicos guisando son los amigos del gobierno o de los políticos. Les dicen a los que vienen que en Disney está el ratón Mickey, pero acá estamos cundidos de ratas y de leptospirosis. O los llevan al *tour* de Bosque de las Plantas, pero no de matas, sino de las plantas eléctricas.

Entonces los visitantes miran atónitos como si fuera un Back to the Future porque todavía hay postes tirados en las carreteras y los semáforos no sirven, y lo comparan con Texas o Florida, donde ya estaban arriba en 30 días.

El pueblo camina lento, con hambre, con sed y enfermos, como si fuéramos los muertos vivientes en un pabellón de los zombis tipo *Walking Dead*. A los que les llega la luz, actúan como si se hubieran pegado en la Loto. Gritan, brincan y bailan, hasta que se miran bien ante el espejo y notan las arrugas que no sabían que les salieron en los días de agonía post huracán María.

Los habitantes en este Jorobao' Park estamos hastiados. Cansados. Extenuados. En una lucha constante entre llorar, querer dormir o salir corriendo de aquí. Por eso muchos abarrotaron las oficinas de pasaportes. ¿Será que nos quieren restregar en la cara lo *jorobaos* que estamos? Total, eso lo sabemos cuando tenemos que hacer la fila en el supermercado sin suministros. Lo sabemos cuando vemos los centros comerciales cerrados, a gente guiando como locos, o cuando vemos que no hay médicos ni trabajos.

El pueblo ya sabe que la lentitud tiene un motivo. Que no acaban de reparar nada porque es una atracción ver el parque temático en que han convertido a Puerto Rico. Que viven del morbo porque eso es lo que les deja seguir guisando. Traqueteando con contratos, con ayudas federales y con dinero del pueblo.

Y mientras tanto, el pueblo, sufriendo.

No llegan las ayudas. La gente pasando hambre, y muchos, aunque lo quieran negar, están muriendo como consecuencia.

Aquellos que pueden dicen: "si quieren obligarme a vivir en un parque temático, mejor me voy al Magic Kingdom, USA", y por eso rápido se montan en el avión y se van.

Y vacían la isla. Dejan a un Puerto Rico destruido, pobre, lleno de viejos que si no se van, en pocos años morirán. Saben que pretenden construir una isla para los ricos extranjeros. Un Puerto Rico sin puertorriqueños.

Todo esto es morboso, pero es la verdad. Es nuestra triste realidad.

9 DE NOVIEMBRE 2017

Día 50 post Huracán María. Ya perdí la cuenta de los días sin luz ni Internet en la casa. No entiendo, si vivo en una *Urb.* con todos los sistemas soterrados y aquí no pasó gran cosa por qué todas las urbanizaciones a mi alrededor sí tienen luz desde hace varias semanas. #SiVivoEnElBolsillo Nada... a seguir escuchando la planta. Creo que la extrañaré cuando esto acabe... si es que acaba.

Por poco choco al
escuchar una voz en
la radio que dice
ser el Secretario de
Salud en un anuncio de
prevención. ¿Hay un
secretario? Seriamente
pensaba que estaba
vacante ese puesto.
El comercial lo
auspicia una
organización de
empresas.

La gente se queja de los empleados de la Autoridad de Energía Eléctrica. Que si son vagos. Que si es un nido de nepotismo y politiquería. Que si ganaban buenos salarios sin trabajar o por ser amigos o parientes de políticos. Que entrar a trabajar allí era un lujo porque solo entraban los bendecidos por algún político. Todo eso es verdad, pero no es la verdad completa. Siempre hay otros lados en una moneda que nos hacen descubrir la complejidad de las cosas.

No podemos negar que esa misma politiquería que todo el país ve desde afuera, fue lo que destruyó desde sus entrañas, a lo que en un momento llegó a ser la corporación pública más sólida en Puerto Rico. Eliminaron sobre 3,000 plazas, dejaron a muchos incompetentes por eso del padrinazgo político o sindical, no se le dio mantenimiento al sistema eléctrico, se eliminaron las brigadas que podaban las ramas de los árboles que después del huracán tumbaron las líneas, las empresas privadas cargaban con sus cables telefónicos los postes de luz, y poco a poco, las deudas de la Autoridad obligaron a reducir la compra de materiales. Todo eso se reflejó en el caos y la lentitud para reinstalar el servicio eléctrico.

A pesar de esas verdades irrefutables, es cierto que los que trabajan en la Autoridad también pasaron el huracán y sobreviven la crisis. El sacrificio de esos trabajadores, especialmente los celadores de línea, es extraordinario, y la gente, en el fondo, los reconoce. El problema es la gerencia, no los empleados.

Una muestra inequívoca de que el pueblo sabe se veía cuando comunidades enteras organizaban almuerzos o le llevaban agua a los empleados de la Autoridad. Tocaban bocina de los carros cuando pasaban por sus lados, o hasta les aplaudían al poner la luz. Por eso me tocó el corazón ver a un sacerdote católico cómo los bendice antes de salir, de madrugada, en Río Piedras. Estas imágenes fueron tomadas por Pablo Pantoja.

11 DE NOVIEMBRE 2017

No se lo creen ni ellos mismos

Hemos #Estado51 días después del huracán María y por eso vengo con las siguientes letanías. Repitan conmigo: lo que dicen en el gobierno y los políticos, no se lo creen ni ellos mismos.

—Anuncian que hay cerca de un 43% de la generación eléctrica en Puerto Rico funcionando. Eso no se lo creen ni ellos mismos.
—Dicen que hay 500 escuelas públicas abiertas y que todo marcha bien. Eso no se lo creen ni ellos mismos.
—La cifra oficial de muertos ronda las 54 personas, eso no se lo creen ni ellos mismos.
—No lo admiten públicamente, pero autorizan cremar casi 1,000 cadáveres. Eso no se lo creen ni ellos mismos.
—Los hospitales funcionan a la perfección. Eso no se lo creen ni ellos mismos.
—Fueron los portavoces y defensores del contrato a Whitefish, pero después dijeron que no tuvieron nada que ver con ese esquema. Eso no se lo creen ni ellos mismos.
—Dicen que las telecomunicaciones están sobre el 70% arriba y funcionando. Eso no se lo creen ni ellos mismos.
—Dicen que pidieron a los jefes de agencia que firmaran cartas de renuncia como apoyo al Gobernador y no como un ardid de propaganda. Eso no se lo creen ni ellos mismos.

Porque una cosa es la percepción y otra muy distinta es la realidad, lo que dice el gobierno actual, no se lo creen ni ellos mismos.

Ya la gente ni caso les hace porque el respeto que ganó el Gobernador Ricardo Rosselló alertando a la gente para que se prepararan antes del huracán, se esfumó ante la falta de mensajes creíbles una vez pasó el fenómeno. El saldo de haber #Estado51 días bajo la propaganda oficialista es desbalance, caos y una enorme falta de credibilidad.

Puede que de verdad la generación eléctrica esté 49%, pero no explican si las luces que ven por las noches es por los cientos de miles de plantas eléctricas en todo el país. Puede que hayan abierto 500 escuelas, pero para el pueblo, lo que hay es caos. Miles de padres llevaron sus niños a tomar clases para días después encontrar los planteles cerrados. La explicación no convenció a nadie porque dijeron primero que era el Cuerpo de Ingenieros, y después CSA, cuyo contrato todavía al día de hoy no han sabido explicar. ¡Y después se quejan de que más de 6,000 niños se fueron a los estados y no fue a ver a Mickey Mouse! Se mudaron para allá.

En cuanto a las muertes, es lo mismo. Pelean, insultan o politiquean, pero nadie explica si los casi 1,000 que autorizaron cremar fueron personas que murieron como consecuencia del huracán porque les faltó oxígeno, o medicamentos, o la ayuda nunca les llegó. La conferencia de prensa con un panel de expertos sentados frente a un Héctor Pesquera que los vigilaba desde arriba, a sus espaldas en un podio, debe ser digno de análisis en las clases de propaganda. ¿Hicieron eso porque los muertos pesan y sus espíritus ahuyentan la imagen que pretenden proyectar?

¿Me pregunto si es por ese disloque en la proyección pública que los demás políticos han dejado solo al Gobernador? Ya ni los legisladores y mucho menos los alcaldes osan pararse a su lado en las ruedas de prensa, cuando lo dejan hablar, porque ya no da ni informes de situación. Para eso está Ramón Rosario, William Villafañe y Pesquera.

¿Y la oposición? Politiqueando. Héctor Ferrer se montó en un helicóptero con el Gobernador, pero le dijo a la prensa que el gobierno de Rosselló colapsó. El problema es que Ferrer no admite que el PPD para efectos prácticos no existe. ¿Dónde están los demás líderes populares ayudando al que necesita? No se ven.

El representante Manuel Natal se cansó de hacer vídeos con Alexandra Lúgaro y lo que ha hecho es politiquear disfrazándolo de denuncia sobre los gastos en publicidad y el dinero que ha ganado el asesor de Rosselló y publicista, Edwin Miranda. Habría que preguntarse entonces: ¿qué piensan las personas que han perdido sus casas o que están pasando hambre por no recibir ayudas cuando ven a legisladores como Natal en esa actitud en un momento como este? ¿No hay cosas más importantes que hacer para ayudar a la gente?

La única que suena y es solo porque ha enfrentado al presidente Trump, es la alcaldesa de San Juan, Carmen Yulín Cruz. Sin embargo, miles de sanjuaneros resienten que dedica más tiempo a salir en la prensa americana que a trabajar y ayudar en la capital. De hecho, parece ser la "darling" de la prensa que no la fiscaliza como hicieron con su antecesor Jorge Santini. Esto ha permitido que se posicione como la verdadera oposición y que contrabalancee al gobierno de Rosselló, sin necesariamente serlo. Básicamente Carmen Yulín y Ricardo Rosselló están al mismo nivel ante la opinión pública. La gente los ve iguales porque saben que quien de verdad manda es el Congreso y sus delegados en la Junta de Control Fiscal.

11 DE NOVIEMBRE 2017

¿Y alguien sabe del paradero de Rubén Berríos? Por favor, el que lo haya visto que lo informe. Como pasa con los demás líderes del PIP, sus comparecencias son escasas. Algunos, como el representante Dennis Márquez y la exsenadora María de Lourdes Santiago, sí han estado trabajando intensamente, calladitos, en diversas comunidades a las que ayudan con su esfuerzo y su propio dinero, a diferencia de los que ayudan con donaciones federales o de empresas. El problema es ese, lo calladitos que están. Como la gente no los ve, piensan que no están trabajando, y entonces los juzgan como a Berríos y a otros del PIP quienes brillan por su ausencia.

Así que, ante ese vacío de liderato, cualquiera se pauta. Ahí es que salen hábilmente los Georgie Navarro de la vida. El resultado de todo esto es que el huracán María aceleró como nunca la falta de credibilidad hacia la clase política del país. Si bien los vientos destaparon esa pobreza que abunda en la isla y que por años los distintos gobiernos pretendieron-ocultar, no es menos cierto que ahora lo que se necesita es trabajo, transparencia y que hablen con la verdad.

El pueblo puertorriqueño está harto de que lo traten como imbécil. La gente sabe distinguir entre propaganda y verdad. Por eso ya nadie les cree y cada día perciben más al gobierno actual y a los secretarios que usan como portavoces, como embusteros patológicos. No porque sean jóvenes, o por su inexperiencia ante la magnitud de esta emergencia se les puede excusar por las malas decisiones que están costando vidas en este momento.

Pensándolo bien, podemos coincidir en que Puerto Rico vive un cambio tan profundo, que es posible que algunos de estos oficiales electos se vuelvan irrelevantes. De hecho, ya muchos lo son. Con solo dar un recorrido por los municipios fuera del área metropolitana, se puede constatar que hay lugares en donde el pueblo ve su gobierno de esta manera.

Así, que, mirándolo desde otra óptica, el no responder de forma adecuada a esta emergencia puede resultar en un disloque positivo y hasta permanente en el futuro de nuestro Puerto Rico. Nos trajo a aceptar la realidad de que tenemos que cambiarlo todo. Para poder salir de esta crisis, sí hay que crear un nuevo Puerto Rico, pero tenemos que asumir la responsabilidad como individuos, sin esperar el maná que venga de los americanos o del gobierno.

Más allá de los donativos, tenemos que levantar la conciencia colectiva y solidaria. Hay que planificar bien el país, promover la agricultura sustentable, necesitamos independencia económica, que los gobiernos sean transparentes y eficientes. Necesitamos como nunca una verdadera prensa que sea asertiva, respetuosa de la inteligencia de la gente, y fiscalizadora de los que gobiernan. Hay que combatir como nunca la impunidad.

Es mucho más fácil decir la verdad y hablar claro que tener que seguir estirando las mentiras hasta que exploten en la clara. Mientras el Gobierno y los políticos sigan en esas, pierden una oportunidad dorada de consagrarse con el pueblo. Tenemos que olvidarnos de la cantaleta, las letanías y la propaganda. No podemos seguir creyendo en los políticos como si fueran dioses infalibles. Es momento de la verdad.

La semana pasada compré todos los adornos para el árbol en mi casa y los de la casa de mami. Mi hija Mariela insistió en que fuera de muñecos, sin necesidad de lucecitas. ¡Tengo todo un *closet* lleno de adornos como para 5 árboles! Pero ella me convenció de tener todo nuevo para empezar con sentido de esperanza... Y pensaba empezar a decorar este *weekend* pero francamente, no pude.

Llevo días viendo el dolor en todo el país y no me nace. Además, entre el calor, los mosquitos, la falta de electricidad desde el huracán IRMA, la basura y los escombros que siguen sin ser recogidos (todavía) y los ruidos de tantas plantas eléctricas en la urbanización me tienen JARTA... Sí, con Jota, aunque esté mal escrito.

Está brutal esta situación y no veo sentido de urgencia alguna en las autoridades.

Hoy vi brigadas de la AEE que recogieron 2 tornillos del piso y el empleado me dijo "estamos haciendo pruebas". Es lo mismo que dijeron en Irma. Claro, se fue a los 2 minutos y estacionaron los camiones en el Quijote Morales.

Sé que hay miles de personas en circunstancias peores, pero si viera alguna mejoría...

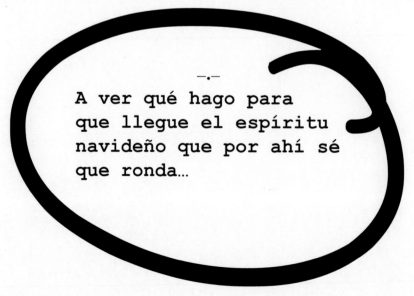

—.—

A ver qué hago para que llegue el espíritu navideño que por ahí sé que ronda...

14 DE NOVIEMBRE 2017

Tiempo para todo

El lunes, como todos los días, llevé temprano a mi hija a su escuela, y recibí un regalo que me hizo pensar en Puerto Rico. Uno de sus maestros, Mr. Maldonado, se dirigía ante todos los estudiantes con una profunda reflexión sobre el tiempo. Decía el maestro Maldonado que hay tiempo para llorar y para reír, tiempo para trabajar y tiempo para descansar. Tiempo para destruir y para construir. "Siempre hay tiempo para todo", decía. ¡Cuánta verdad tenían sus palabras y qué gran regalo, me hizo al reflexionar!

En Puerto Rico estamos en el tiempo de ejecutar. Es tiempo de implementar, de echar *pa´lante*. Es tiempo de movernos, de trabajar unidos por el que está sufriendo. Tiempo de salir de la crisis en la que estamos. No estamos en tiempo de politiquear ni de hablar porquerías.

Por eso no se puede aplaudir que nuestro gobierno, los políticos y la mayoría de los medios de comunicación no estén a tono con este tiempo. Insisten en lo mismo de siempre y no se dan cuenta que estamos en el tiempo de resolver.

A la gente lo que le interesa es saber cada mañana si la escuela de sus hijos está abierta o no. ¿Hay o no hay clases? ¿Hay o no hay maestros? ¿Hay o no hay policías dando tránsito o me tengo que chupar el tapón descomunal otra vez? ¿Tengo o no tengo teléfono? ¿Tengo o no tengo Internet? ¿Tengo trabajo? Si esto sigue así, ¿tendré que irme o me quedo? ¿Cuándo llega la luz?

Pero no. Los medios y los políticos insisten en seguir hablando de lo que dijo la jueza Swain, o si el Gobernador Ricardo Rosselló habló de estatus. Y dedican horas y horas en la radio, programas de análisis enteros y artículos de primera plana para hablar de la política cuando eso es lo que menos le importa a la gente en este momento. La gente quiere sobrevivir, no hablar politiquería.

La verdadera noticia es quién manda aquí, pero eso ya la gente lo sabe. Aquí manda el Congreso. Por encima de Rosselló y por encima de la Junta. El pueblo sabe que la Fundación Ford y los Rockefeller, así como los fondos buitres están moviendo los hilos del Congreso y son los que quieren decidir cómo se distribuirá el dinero de la recuperación. Pero de eso no hablan en los medios porque no les interesa. El enfoque es dar un contenido que la gente no quiere ni necesita con urgencia.

Pregúntele a cualquier persona que perdió su casa, o al que perdió su trabajo si le importa el tema del estatus que hablan en la radio o la noticia de primera plana de la jueza Swain. Cualquiera que esté en la crisis, como la inmensa mayoría del pueblo, le responderá que no es momento para eso. Es probable que le pregunte el por qué las ayudas no llegan o por qué se tarda tanto esto de volver a la normalidad.

14 DE NOVIEMBRE 2017

Hay que estar claro. Una cosa es lo que quiere el medio y otra lo que la gente quiere consumir. Y ahora mismo, la gente quiere buscar la forma de resolver sus problemas. Quieren sobrevivir. Aunque el Gobierno esté tratando de adelantar en la etapa de recuperación tras el huracán María, el pueblo todavía vive la emergencia.

Por eso es que estamos viviendo el tiempo de unir, no de separar. Es tiempo de dar esperanza y eso es algo que debería ser la noticia principal en la discusión pública.

Ahora mismo en Puerto Rico están pasando muchas cosas hermosas y alentadoras desde la base, y se pierden en la discusión pública que sigue enfocada en la política.

Lo veo y lo vivo a diario cada vez que las comunidades se organizan solas para enfrentar un gobierno en sus tres manifestaciones -estatal, municipal y federal- que es inconsecuente, porque no les resuelve sus problemas diarios. La gente se organiza desde su entorno para ayudarse porque saben que esperar por los gobiernos es perder el tiempo. Las ayudas no llegan a donde tienen que llegar por la burocracia y por la corrupción, y a la gente no le queda de otra que hacer frente a su realidad.

Son esas cosas positivas las que de verdad deberían ser primeras planas en los periódicos y temas en la radio mañanera. Se tie-

ne que compartir y destacar lo que hace el pueblo. Médicos voluntarios que han llegado aquí desde Israel y Palestina, o desde Chile y la República Dominicana, para dar la mano directamente a las comunidades, no a través del gobierno. Médicos locales que llevan semanas en refugios y en comunidades devastadas. Jóvenes que llevan comida al que necesita. Deambulantes que dan tránsito en las intersecciones donde no hay policías. La inmensa cantidad de voluntarios que siguen saliendo: maestros de carpintería, ingenieros y peritos electricistas que están ayudando a reconstruir zonas devastadas con materiales que donan empresas, ya que si esperan por FEMA o por el gobierno, no empiezan nunca. Mujeres que cocinan y dan alojamiento a los voluntarios, y sin tener el contrato del chef José Andrés, se las arreglan para conseguir comida que se multiplica casi como si fuera un milagro. Universitarios que le llevan comida a los viejitos que lo perdieron todo. Monjas católicas y pastores evangélicos sudando la gota gorda, mientras van a pie, de barrio en barrio, en los campos más recónditos, llevando suministros entre el fango y los mosquitos. Psicólogos y padres dando aliento al desesperado, uniones apoyando al que sufre, empresarios regalando generadores y ropa a sus empleados. O ver a los que el pueblo cataloga como "los riquitos" del Condado, trabajado hasta el cansancio extremo, subiendo y bajando escaleras de los apartamentos a los que nadie del gobierno quiere ir, para ayudar a los viejitos que sus hijos han abandonado, o llevando medicinas y amor a las comunidades en extrema pobreza de Canóvanas, Loíza y otros pueblos.

14 DE NOVIEMBRE 2017

Retirados que le llevan bombillas o baterías al que necesita luz. Exfuncionarios del gobierno y expolíticos que están desde el huracán Irma trabajando para la gente, que buscan toldos y los reparten al que perdió el techo de su casa y se los llevan con cajas de agua que pagan de su propio bolsillo, pero no lo hacen tomándose fotos o publicándolo en Twitter o Facebook.

En fin, son miles las historias de gente que optó por hacer lo que es preciso en el momento clave. Son personas que saben que este es el tiempo de ayudar.

Y lo digo, sin temor alguno, porque yo he visto a toda esa gente en los distintos puntos del país a los que he ido. Porque veo al pueblo trabajando desde sus comunidades, sé que este es el momento de ayudar. Sé que todavía el pueblo vive la emergencia y camina por un lado bien distinto a lo que insisten en decir los medios y los políticos.

Todavía estamos en el tiempo de la generosidad y de demostrar lo que es ser un verdadero puertorriqueño. Es tiempo de mirar a los más vulnerables que hoy están más necesitados que nunca. Madres jefas de familia. Niños maltratados. Envejecientes. Comunidades LGBTT. Enfermos. Confinados. La emergencia continúa. No es cierto que estamos en una recuperación.

La realidad es como dijo el Mr. Maldonado el lunes ante todos los estudiantes en la escuela de mi hija, citando el libro de Eclesiastés, 3:1: Todo tiene su tiempo y todo lo que se quiere debajo del cielo, tiene su hora.

Tiempo de nacer, y tiempo de morir;

Tiempo de plantar y tiempo de arrancar lo plantado;

Tiempo de matar y tiempo de curar; tiempo de destruir y tiempo de edificar;

Tiempo de llorar y tiempo de reír;

Tiempo de endechar y tiempo de bailar;

Tiempo de esparcir piedras y tiempo de juntar piedras;

Tiempo de abrazar y tiempo de abstenerse de abrazar;

Tiempo de buscar y tiempo de perder;

Tiempo de guardar y tiempo de desechar;

Tiempo de romper y tiempo de coser;

Tiempo de callar y tiempo de hablar;

Tiempo de amar, y tiempo de aborrecer;

Tiempo de guerra y tiempo de paz. Hay tiempo para todo.

Igualitos que ayer.

El huracán se llevó el puente de la PR 567 entre San Lorenzo y Morovis y dejó como a 500 personas incomunicadas río abajo. Eso fue el 20 de septiembre y hoy es 15 de noviembre, pero parecería que el huracán fue ayer.

Foto Pablo Pantoja

Música para alegrar el alma

Hoy quise llevarle alegría a tanta gente que llama llorando a la emisora, pero confieso que también la necesito yo. Son demasiadas semanas de trabajo intenso y de escuchar una tras otra queja. Cada vez que llevo algún músico me da temor de que el público piense que quiero olvidar su dolor, pero al final sé que entienden que lo hago como muestra de solidaridad, para expresarles que tenemos que levantarnos. Así que hoy tuvimos de invitados a la primerísima trovadora Lenny Adorno y los niños trovadores.

A Lenny la conozco desde hace años, desde cuando trabajamos como reporteras y para ese entonces ya iba ganando las competencias de trova.

La música autóctona y las voces de los niños y jóvenes llevaron mucha alegría a los radioescuchas, que agradecían cada vez que llamaban.

16 DE NOVIEMBRE 2017

Protestan en Loíza porque les niegan el servicio de agua.

Un grupo de líderes comunitarios y residentes de Loíza protestarán hoy contra un ingeniero de la Autoridad de Acueductos y Alcantarillados que cerró las tuberías que les suplían agua. Los residentes de las carreteras 187 y 185, del barrio Medianía Alta y de las urbanizaciones Vistas del Océano y Jardines de Loíza alegaron que el ingeniero Rosario quien dirige la Triple A en la zona, desvía el agua que va a las comunidades y la envía a un exclusivo campo de golf en la colindancia con Río Grande porque quiere afectar a la alcaldesa de Loíza, quien es del partido contrario. Alega que esto pasa desde antes del huracán Irma. Los residentes llevarían su protesta hasta el estacionamiento del Centro Comercial Outlets de Canóvanas donde ubica la oficina de Rosario.

Leí esa información al aire, y al día siguiente abrieron los grifos. Los loiceños llamaron a la emisora para informar que nunca habían tenido tanta presión de agua en sus casas.

Los misterios de María

Ya a mediados de noviembre, entramos a lo que los expertos denominan como la segunda etapa después de un evento catastrófico inicial. Es la etapa que se caracteriza por la desorganización extrema y un clima de incertidumbre. El pueblo quiere orden, pero todos saben que vivimos una nueva normalidad. La de hacer filas, estar sin electricidad y pasar calor. A veces, hasta hambre. Hay que estar lo más sanos posibles para no enfermase en esta etapa, pero es casi imposible. Hay brotes de catarro y leptospirosis. Por eso, muchos recurren a su fe.

17 DE NOVIEMBRE 2017

Mientras escucho la explicación de Epifanio Jiménez, experto en manejo de emergencias y que hemos tenido ya como cuatro veces en el programa, mi mente empieza a divagar. Pienso en el caos que hay en la calle y lo poco que se contestan las preguntas. Viene a mi mente el título "Los misterios de María" y me suena como a título de película de terror, o a letanía religiosa. Como si fuéramos a rezar un rosario por el pueblo, difunto. Así que empiezo.

Escuelas cerradas. *Ruega por nosotros.*
Muertos, que no dicen cuántos son. *Ruega por nosotros.*
Agua sale sucia de los grifos. *Ruega por nosotros.*
AEE no dice cuándo llega la luz. *Ruega por nosotros.*
La UTIER dice que no hay materiales para poner postes de luz. *Ruega por nosotros.*
Arecibo lleno de maletines con bolsas blancas y no dicen para qué son.
Ruega por nosotros.
Enfermedades contagiosas. *Ruega por nosotros.*
Urbanizaciones vacías. *Ruega por nosotros.*
Se inunda Ocean Park. *Ruega por nosotros.*
No se sabe cuántos cadáveres hay en los vagones sin autopsia. *Ruega por nosotros.*
Las ayudas no llegan. *Ruega por nosotros.*
Los hospitales no dan abasto. *Ruega por nosotros.*
Dicen que van 37 suicidios desde el huracán. *Ruega por nosotros.*
Los nenes maltratados no existen ni se mencionan en esta hecatombe.
Ruega por nosotros.
La gente se sigue yendo. *Ruega por nosotros.*
Los que se quedan están sin trabajo. *Ruega por nosotros.*
Lentitud pasmosa en el recogido de escombros. *Ruega por nosotros.*
No existen y esconden a los secretarios de Salud y Familia. *Ruega por nosotros.*
Sigue el escándalo de Whitefish. *Ruega por nosotros.*
¿Por qué se tardan tanto en las ayudas? Ruega por nosotros.
Aquí no se le dice la verdad al pueblo.
Ruega por nosotros santa madre de Dios,
para que seamos dignos de alcanzar las promesas de nuestro Señor Jesucristo.
Amén.

**Yulín nominada en Time Magazine;
Rivera Schatz News en Facebook;
Ramos fuera, pero seguimos sin luz.
¿Llegó el Hercólobus?**

—•—

El Hercólobus...

—"¡Mamá estoy súper emocionada! ¡Yupi! ¡Llegó la luz!", decía Mariela, brincando y bailando al entrar a casa.

Yo por poco brinco también de la alegría, después de todo estamos si luz desde antes del huracán Irma, y siguió así tras María.

—"¡Qué bueno hija mía. !Por fin llegó!" me limité a responder.
—"Pero hay que estar tranquilas porque a veces viene la luz y a veces se va, como en mi escuela. Lo bueno es que vamos a poder hacer nuestras cositas, como dormir con aire y bailar. Estoy tan emocionada Mamá", me dijo.

Yo, feliz, en cuestión de microsegundos. Di gracias en secreto a esas tres brigadas de hombres de la Autoridad de Energía Eléctrica: desaliñados, con manos sucias y con caras de cansancio que ayer vi levantando unos postes frente a mi urbanización. Pensé en los malditos corruptos que se llevan el dinero del pueblo con contratos como el de Whitefish o el de Cobra, y todavía nos tienen a casi todo el país a oscuras.

Y pensé que Ricardo Ramos renunció o lo botaron finalmente ayer de la AEE, pensé que al Gobernador ya nadie le cree por esos líos, que menos le creen a Yulín por estar faranduleando en la prensa, mientas su pueblo está molesto, pensé en que el alcalde de mi pueblo tiene el reto de que ya nadie le cree ni lo respeta, y pensé que me entero cada vez más de las noticias reales en Facebook que en otros lados.

De pronto, la alegría se esfumó... La luz se fue así mismo como llegó.

—¡Ay Mamá, me da tristeza! ¡Pero no te preocupes que eso es normal en Puerto Rico! -me dijo mi hija.

—"Sí, mi amor. Creo que ya llegó el Hercólobus"

(Nota: La electricidad me llegó finalmente la segunda semana de diciembre)

19 DE NOVIEMBRE 2017

Trato de no quejarme, pero esto de estar sin luz desde Irma cansa. #EstoyHarta
El *AngryBlackWoman Syndrome* me brota por los poros

—•—

Me pregunto: ¿Esa lentitud para levantar la electricidad, el servicio del agua, las telecomunicaciones y la salud, siendo servicios esenciales para la población, responde a algo más allá de la mediocridad de los gobiernos? El estatal, el municipal y el federal. ¿A qué se debe? ¿Será que nos quieren matar? ¿Querrán que nos aborrezcamos o que nos sigamos largando de aquí? ¿Es un exterminio de Puerto Rico o es una nueva versión de aquella política de Roosevelt y Muñoz Marín de "Operación Manos a la Obra"? De repente, vienen a mi mente aquellas infames palabras del renombrado científico, el Dr. Cornelius P. Rhodes le envió a su amigo Ferdie el 11 de noviembre del 1931...

"Lo que la isla necesita no es labor de salud pública, sino una ola gigantesca o algo que extermine la población. Entonces podría ser habitable. Yo he hecho lo mejor que he podido para adelantar el proceso, matando a ocho y trasplantándoles el cáncer a varios más. Esto último no ha causado muertes todavía. La cuestión de la consideración por el bienestar de los pacientes no desempeña papel alguno aquí. De hecho, todos los médicos se deleitan en el abuso y la tortura de los sujetos".

La psiquiatra Dra. Leticia Ubiña, nos explicó en la emisora que después de una crisis de la magnitud que vivimos con el huracán, se trastoca todo. Se convierte en una crisis psicosocial en la que las personas van actuando con una especie de mecanismos de defensa para poder pasar las etapas del shock, negación, coraje y llegar hasta la resignación.

Esos mecanismos de defensa son:

—Aislamiento. Se aíslan del resto de las personas.

—Negación. Niegan la magnitud de los problemas que enfrentan.

—Proyección. Se imaginan o proyectan que viven otra experiencia. Puede ser más sencilla o complicada, dependiendo de cada individuo.

—Racionalización. Tratan de simplificar y racionalizar lo que ocurre para darle sentido.

—Regresión. No pueden salir del momento del *shock*.

—Sublimación. Creen que es algo superior lo que les ocurre.

—•—

Me pregunto, ¿En cuál etapa estaré yo?

21 DE NOVIEMBRE 2017

La semana pasada el Centro de Periodismo Investigativo publicó su investigación sobre "los muertos no contados tras el paso del huracán María". Pesquera les ripostó con un: "Que me las prueben". Ayer CNN publicó 499 muertes no contabilizadas por el Gobierno y 61 días después es que finalmente, el Comisionado de Seguridad hace su primer llamado público a los funerarios para que reporten información sobre muertes relacionadas directa o indirectamente al paso del huracán María.

En cualquier lugar del mundo a esto lo llamarían manipulación.

—•—

"Nuestra Patria está en plena guerra sin defenderse, solo un resurgimiento de la moral colectiva puede salvarla", recordé que leí una vez de Pedro Albizu Campos.

¡Ay, muchas gracias!

Gracias Sr. Gobernador, mi apreciado amigo Ricardo Rosselló, porque sigo sin luz desde antes del huracán Irma, me escalaron la casa hace dos semanas, se "rompió" un tubo de agua de Acueductos frente a mi casa y la vida es hermosa. Quizás esto cambie pronto, porque ya empezaron las renuncias que solicitó hace unas semanas a los jefes de agencia, solo que creo que los que han hecho renunciar no necesariamente son los malos. A los malos los están dejando, así que gracias por el intento.

Gracias también al saliente director ejecutivo de la Autoridad de Energía Eléctrica, Ricardo Ramos, porque con su salida, llegó la luz a mi urbanización, y en mi casa duró exactamente 17 minutos.

Gracias al nuevo interino director ejecutivo de la AEE, Justo González, porque la única casa en la urbanización sin luz es la mía.

Gracias a los amigos de la UTIER, porque la mía es también la única casa en las tres urbanizaciones de esta zona sin luz.

Gracias al jefe de seguridad pública, Héctor Pesquera, porque, aunque el país insiste en que tengamos miedo ante tantos asesinatos, tanta violencia y tantos robos sin resolver, sigo tranquila, solita, mi alma con Dios.

Gracias al director ejecutivo de la Autoridad de Acueductos y Alcantarillados, el ingeniero Elí Díaz Atienza, porque llamé a su corporación para reportar ese tubo que "se rompió" por arte de magia ayer frente a mi casa y me atendieron enseguida. Hoy fue un empleado que lo verificó y dijo que no me cobrarán los chorros y chorros de agua que se están perdiendo por ese roto.

Gracias a mi amigo y alcalde de Guaynabo, Ángel Pérez, porque no ha despedido, que yo sepa, a ningún empleado de esos que se fajan en Obras Públicas municipales y que

22 DE NOVIEMBRE 2017

pasan por frente a los vertederos clandestinos y les dicen adiós. Al que han hecho justo al lado de mi casa las brigadas que ya imaginan que es el "landscaping".

Gracias a la gente de FEMA, porque por ustedes supuestamente es que mi pueblo de Guaynabo y muchos otros municipios a lo largo y ancho de todo Puerto Rico se han convertido en una pocilga llena de escombros que atraen ratones, mosquitos y muchas plagas.

Gracias también a la secretaria de la Familia y al Secretario de Salud, cuyos nombres no recuerdo porque creo que son posiciones vacantes, por su silencio. Los miles de padres y madres como yo, que tenemos hijos con necesidades especiales o impedimentos, y hemos tenido que pasar la salsa y el guayacán en esta emergencia, no hemos necesitado los consejos que nunca nos han dado. Nosotros sabemos cómo lidiar con nuestros hijos porque los amamos y buscamos alternativas. Así que gracias, por nada.

En fin, reflexionando, les doy gracias a todos porque intentan robarme la alegría y la esperanza en esta época navideña que inicia mañana con el Día de Acción de Gracias. Pero les digo a todos que no. No van a lograr ese cometido. Voy a celebrar la Navidad con lo que de verdad importa.

Sigo sin luz y chavá, pero feliz, gracias.

Yo seguiré combativa, denunciando lo que está mal y aplaudiendo lo que esté bien.

Sí, seguiré feliz. Viva.

Y tomándome *selfies* con amigos y familiares aún en la oscuridad.

Sandra D. Rodríguez Cotto

Cada día que pasa desde María siento más coraje con los políticos y los funcionarios que nos mienten con descaro.

#NoCreoEnNinguno

—•—

Trolls, censura y ataques son algunos de los métodos que usan el gobierno y los políticos para evitar que te enteres o para controlarte en el Puerto Rico post huracán María. Estos son algunos de los temas que traigo en mi columna de hoy en NotiCel. La mordaza cibernética. #Comunicación #Censura #Derechos #Democracia #Esclavitud

—•—

Esa hermosa sensación cuando ves a todos tus vecinos con luz, pero tu casa sigue a oscuras desde Irma. Gracias AEE, UTIER, Fortaleza.

1 Y 3 DE DICIEMBRE 2017

1 de diciembre

¿Reconoces al Puerto Rico en el que te toca vivir?
#Existencialismo Mañanero

3 de diciembre

Retruécano, prosopopeya, hipérboles, metáforas, paradojas. Estudiando con mi hija, pienso que así es Puerto Rico: lenguaje figurado.

**Sobre Carmen Yulín Cruz y
el Municipio de San Juan:**

Desde el paso del huracán María he estado colaborado en Wapa Radio, informando, ayudando a canalizar ayudas a personas y denunciando casos junto a decenas de periodistas, y más recientemente con Ada Jitza Cortés y Alfonso A. Madrid, en el horario nocturno.

Desde el día 22 de septiembre, dos días después del paso del huracán he solicitado a la alcaldesa Carmen Yulín Cruz y a varios de sus ayudantes una entrevista para que ella informara lo que hacía en el Municipio.

Quería que le explicara a la gente como buscar ayudas.

La alcaldesa nunca fue y no ha aceptado dar cara. Se ha negado a informar aun cuando en las primeras semanas Wapa Radio era EL ÚNICO MEDIO en el aire. Irónicamente, sí, iba a la televisión aun cuando casi nadie tenía electricidad y ni cable TV.

Aunque me molesta su desprecio a un medio local para darle prioridad a los medios americanos, hoy debo decir algo.

Esta noche llegó hasta la emisora una señora envejeciente. Pobre, sola, víctima de violencia doméstica, cuya casa quedó destruida. FEMA determinó que vivía en condiciones infrahumanas y debía salir. Ella acudió a varios sitios en San Juan y le negaron refugio y vivienda. Cansada de no tener ayuda, entonces fue a Wapa Radio, llorando y en crisis.

En mi desesperación por ayudarla llamé a un montón de personas del gobierno central y municipal, y denunciamos el caso al aire.

La alcaldesa Cruz reaccionó cuando denuncié el caso en Twitter y en inglés.

Agradezco a Carmen Serrano ("Compi") porque entendió la emergencia y activó la ayuda. Cinco empleadas del Municipio, de las oficinas de Vivienda, Mujer, Edad Avanzada y Desarrollo Social, acudieron a Wapa Radio y le brindaron la ayuda a la señora.

`Claro, sigo esperando por la alcaldesa, pero los empleados, esos sí trabajaron.`

6 DE DICIEMBRE 2017

La salvación es individual

Creo que Puerto Rico, como está, no tiene salvación. Al menos, no colectiva. La salvación aquí es individual.

Unos insisten en que estamos bien y volvimos a la normalidad a casi 90 días del huracán María. Alardean en Facebook de que están entre buscar decoradores para adornar sus casas en la Navidad o irse de viaje a esquiar. Entonces vienen políticos a llevar trullas en comunidades sin luz, y es como si negaran que hay gente pasando hambre, los viejos se mueren esperando por medicamentos y hay familias con niños que duermen en carros porque no tienen casa o la ayuda no llega. Si eso es la nueva normalidad, que venga Dios y me lo diga.

Mientras tanto, los medios se enfocan en el despido de la Burbu de la radio o en la chillería y el "kickback" que dicen pidió el legislador Ramón Rodríguez a sus empleados. Algunos hablan de si los independentistas tendrán que convertirse en soberanistas para sobrevivir, y otros que en Washington nos dieron otra clavada en medio de la espalda con la reforma contributiva que eliminará 250,000 empleos bien pronto.

¿Son los medios de comunicación un fiel reflejo de las prioridades de la gente o son portavoces de los que cantan el himno de que aquí todo volvió a la normalidad?

No podemos culpar a los medios o a los periodistas del engaño. Los medios de comunicación están cubriendo el tema de la crisis, pero también han caído en la misma disyuntiva de otros sectores del país. Si siguen cubriendo el tema, los negocios no echan "pa'lante", y si no echan "pa'lante", no hay anunciantes. Han caído, como dice el americano, en un "Catch 22".

Por otro lado, el gobierno quiere desviar la atención porque ha demostrado su ineptitud. Prefieren que se hable de esa gente que compra árboles de navidad a $200 y no de los muchos que están sufriendo los estragos del huracán.

La verdad todo el mundo la sabe, aunque traten de opacarla: Estamos todavía bregando con una hecatombe. La fiscal, la política y la que dejó el huracán. Pero entonces, ¿por qué los que sufren no se rebelan? La gente no se rebela pues creo que en Puerto Rico sufrimos el mismo síndrome del cubano.

En Cuba la gente pasa hambre, no tiene derechos, pero se olvidaron de la revolución porque en el subdesarrollo se vive siempre en una faena. No se rebelan por miedo y porque tienen que concentrarse en sobrevivir día a día. Acá estamos iguales. Bregando. No hay prisa para poner la luz, y la gente sobrevive pasando sus días entre buscar gasolina para la planta, hacer fila en supermercados vacíos, o ver si consigue trabajo o alguna ayuda. No hay tiempo para protestar cuando juegan con las mentes.

Se quejan en las redes sociales, pero solo protestan con la actitud de "brazos caídos" como la que han asumido en la Policía. Están hartos de trabajar 10 y 12 horas sin paga extra y sin bono de Navidad, y ya hay más de 4,000 oficiales reportados enfermos. Somos un espejo del subdesarrollo.

Todo esto me produce mucha incertidumbre porque todo indica que esta crisis va a empeorar. En enero y febrero veremos desesperados a los que se acogieron a moratorias en sus préstamos de casas o carros, y sin dinero o trabajo para ponerse al día. Veremos también a gente mucho más enferma ya que no ha recibido tratamiento, especialmente de salud mental. Me temo también que aumentarán las muertes por abandono, falta de medicinas o hasta por hambre.

Pero para algunos, todo está normal. La generación eléctrica aumentará "cuando las amas de casa empiecen a trabajar" (como dijo el titular de la AEE Justo González), en el Capitolio seguirá la estampa navideña con renos y nieve mientras legislan para que se juzguen a los niños como adultos, y en la televisión repetirán la novela Fatmagul. Vamos bien.

¿Este era el Puerto Rico donde tú esperabas vivir? Claro que no. Este no era el Puerto Rico que yo añoraba entregarle a mi hija Mariela y a mis siete sobrinos. Yo no lo reconozco.

Me asusta mi país. Y sí, trato de ser optimista, pero nunca me comí eso de "Puerto Rico se levanta". No compré el *slogan* porque se levanta a nivel individual. Lo levantan las comunidades, las iglesias, los grupos, no los políticos ni los analistas.

¿Qué yo hubiera hecho en esta crisis?

1) Detener los gastos de anuncios, imagen y contratos a los "panas".

2) Mover a todos en dos frentes: el primero, tratar de parar el impacto de la reforma contributiva federal en Washington, y el segundo, seguir haciendo ruido con el tema de Puerto Rico en la prensa internacional para meter más presión al gobierno de Trump para que nos ayude. A nivel local dividiría la isla por zonas para distribuir más equitativamente las ayudas, el pueblo que tenga más que ayude al que no tiene. Haría que los políticos y empleados del gobierno se ganaran su sueldo visitando comunidad por comunidad, casa por casa, como cuando van a buscar los votos, pero esta vez para identificar cuánta gente está viva o necesita ayuda. Llevaría comida a los encamados o a los viejos y no someterlos a hacer filas bajo el sol.

María nos cambió forzosamente la vida a todos y no podemos volver a ser lo que éramos. Hay que trabajar desde cada trinchera y desde cada realidad personal. Es momento de aceptarlo, porque para que sea colectiva, primero la salvación debe ser individual.

11 DE DICIEMBRE 2017

Estamos cubiertos de azul en todo el país.
No es la política, sino los techos que entregó
FEMA.

A esta fecha, sigue la basura.

Foto por Pablo Pantoja.

Puerto Rico no es San Juan

Como Puerto Rico no es San Juan, y mucha gente piensa que como ya ven electricidad en la capital, todo el país está de pie, decidí hacer un cambio en la cobertura Especial de la cadena Wapa Radio.

La cadena se compone de seis emisoras ubicadas por todo el país: WMIA (Arecibo), WISO (Ponce). WVOZ (Aguadilla) UTIL (Mayagüez), WXRF (Guayama) y WAPA 680 en San Juan. Sin embargo, origina desde San Juan. Así que me comuniqué con varios amigos bien queridos, que son periodistas de medios cibernéticos o emisoras de radio competidoras alrededor del país, para que dieran un reporte de la situación en los pueblos de su región. Como en casi ninguna de las regiones había ni electricidad ni Internet, los periodistas estaban en la calle reportando, pero no tenían donde difundir sus informaciones. Fue un éxito porque al público le gustó ya que la información era valiosa, y por eso, repetimos ese esfuerzo varias veces. Lo interesante es que hubo gente que incluso era de emisoras de la competencia.

Por ejemplo, el periodista José Raúl Arriaga, transmite en la Red Informativa, compuesta por emisoras regionales en la zona central y pueblos como Comerío, Barranquitas, Orocovis y Morovis. Omar Díaz, de la emisora competidora X-61 de Patillas, nos brindó un informe de Patillas, Maunabo, Yabucoa, Arroyo.

Francisco Quiñones, de JornadaPR.com reportó directamente desde todos los municipios de la zona de Arecibo.

Sandra Caquías, quien dirige el periódico EsNoticia en la zona sur, nos reportó las incidencias de Ponce, Peñuelas, Yauco y otros hasta Cabo Rojo.

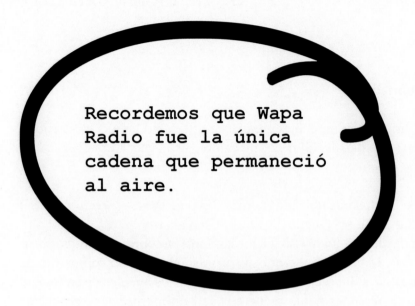

Recordemos que Wapa
Radio fue la única
cadena que permaneció
al aire.

Aunque otras cadenas como Univisión Radio subieron varios días después, o NotiUno que transmitía por las frecuencias FM, o Radio Isla, lo cierto es que algunas se mantuvieron intermitentes por varias semanas debido a que colapsaron torres o sus estudios se inundaron durante el huracán. Algunas perdieron antenas. Por eso la audiencia de Wapa era enorme, y aproveché para hacer llegar el mensaje. A la gente le encantó.

Sandra D. Rodríguez Cotto

15 y 19 de diciembre 2017

15 de diciembte

Hoy quise llevar alegría a la gente, y la trajo ese gran sonero Charlie Aponte, recordado por ser una de las voces de El Gran Combo de Puerto Rico.

19 de diciembre

Hoy repetí el esfuerzo de transmitir más allá de San Juan y tuvimos más colaboradores.

Francisco Quiñones de JornadaPR desde Arecibo, Sandra Caquías de ESNoticia desde el sur, José Raúl Arriaga de la Red Informativa desde el centro, Omar Díaz de X-61 en Patillas y el sureste, Víctor Manuel Vázquez de La Isla Oeste y cubrió de Aguadilla hasta Cabo Rojo, y Stephen Álvarez, de Radio WALO, que nos reportó desde Humacao y la zona este.

25 DE DICIEMBRE 2017

'Santa Clós', el americano

ADVERTENCIA: Precaución con los niños y los adultos que deben estar preparándose para la llegada de "Santa Clós" el domingo por la noche. Pasa que este año la cosa es bien distinta. Fuentes informativas del Sindicato de Duendes que fabrican los juguetes en el Polo Norte, aseguran que el Papá Noel ya tiene listas las 10 excusas para no venir a Puerto Rico:

1 No hay luz. Santa se pierde en la oscuridad. Como muchos barrios han desaparecido entre fango y escombros, no sabe a qué calle se va a meter. Para colmo, el "Blue Flu" azota entre los policías. Tiene miedo de que lo asalten o le roben los regalos, así que mejor se ahorra el mal rato y no viene.

2 No hay GPS. Como las telecomunicaciones colapsaron y al día de hoy no suben en grandes partes del país, tampoco hay Internet. La señal no es la más poderosa en Puerto Rico, como dice el *slogan*.

3 No tiene dónde poner los regalos. No hay guirnaldas, casi no hay decoración y la gente ni siquiera ha puesto árboles porque no tienen luz.

4 Sabe que no hay chavos. Que no hay trabajo porque Puerto Rico está en quiebra, y en enero la Junta de Control Fiscal va a empezar a apretar y terminan las moratorias en los préstamos, la gente está "aguantá", sin comprar regalos. Mejor no viene.

5 No hay tiendas suficientes para abastecerse si se le acaban los regalos, y si tira desde el aire los pocos que tiene disponibles, la gente puede creer que es Trump tirando papel toalla de nuevo. Mejor evita las comparaciones.

6 Fue víctima de robo de identidad. En el Capitolio decoraron con su imagen montado en su trineo, pero él no quiere estar cerca para que no lo asocien con los legisladores.

7 Ya hubo fiesta. El Gobernador adelantó el "get together" titulado "no fue fiesta de Navidad en La Fortaleza" el sábado y no lo invitó. Allí reunió ayudantes de campaña y empleados, mientras la inmensa mayoría de la gente sigue a oscuras y mojándose con los aguaceros de estos días porque o no tienen casa o la lluvia se cuela por los toldos azules de FEMA. Como no hay ambiente, no viene.

8 Tiene miedo que le cobren el 15%. Produce sus juguetes en el Polo Norte y sabe que, gracias al Congreso y la reforma contributiva federal, ahora lo verán como foráneo, así que mejor no viene para acá y se ahorra ese gasto.

9 Teme pérdidas. Le preocupa que FEMA le incaute la mercancía en los puertos, que el Cuerpo de Ingenieros le confisque los regalos electrónicos porque consumen mucha energía o que en el puerto de Jacksonville no le dejen montar a los renos para venir para acá.

10 Se ahorra el viaje. Como muchos puertorriqueños siguen escapando del caos y del desempleo, mejor los ve allá en el 'friito' de los Estados Unidos en lugar de meterse en el revolú de acá.

Las fuentes en el Sindicato de Duendes aseguran que Santa Clós hizo lo mismo que los americanos: Tiró a Puerto Rico a pérdida. Mejor le dice a los Tres Reyes Magos "breguen con eso".

Lo que los puertorriqueños que estamos viviendo aquí debemos recordar es que el domingo 24 de diciembre se celebra el nacimiento del Niño Jesús.

Ese que nació en un humilde pesebre, a oscuras, rodeado de animales y en la extrema pobreza.

Ese que, frente a los mayores obstáculos, cambió al mundo. Mirémonos bien ante esa escena que ahora, como nunca antes, se parece mucho más a Puerto Rico.

26 de diciembre 2017

Un día después de Navidad y los pueblos de Ciales, Arecibo y Utuado siguen destrozados. Transitamos por el área de la carretera PR-146 de Ciales en dirección hacia Utuado a visitar personas, terrible que continúe así a esta fecha. Falta reponer los servicios de luz y el agua. Pero también las carreteras rurales de Puerto Rico necesitan ser reparadas.

A través de todas estas carreteras se puede observar la misma situación repetidas veces. En varios puntos de la carretera, hay un solo carril. Esto lo hace aún más peligroso para los que tienen que transitar a diario. El que transita por aquí, debe estar pendiente de que la brea no vaya a ceder, especialmente luego de que llueva. También debe estar pendiente del vehículo que venga por la curva y tome el único carril disponible para ambas direcciones. Las vallas de acero están en el barranco. El tendido eléctrico se encuentra entrelazado con la maleza. Los "drones anaranjados" se siguen cayendo a medida que pasa el tiempo.

Ciales

Ciales

Barrio Carreras en Arecibo.
Fotos por Pablo Pantoja.

Sandra D. Rodríguez Cotto

31 DE DICIEMBRE 2017

Llego al fin del año abatida, cansada, frustrada con la lentitud de la recuperación y la incompetencia de las autoridades federales y estatales. Pero no con el pueblo. El pueblo se levantó ya.

A pesar del gobierno.
A pesar de los americanos.
A pesar de la deuda.
A pesar de FEMA.
Somos gente.
Algunos se fueron y no volverán.
Los que nos quedamos, tenemos que seguir luchando.
Somos gente brava.
Resistimos.

Carpintero en Sabana Seca, foto Pablo Pantoja

Después de María

La vida Post-María

La vida cambió después de María.
Lo veo en las casas vacías.
Lo veo en el cierre de escuelas.
Lo veo en el desempleo.
Lo veo en las políticas de privatización.
Lo veo en los llantos de familias despidiéndose
en el aeropuerto.
Más que nada, lo veo en los ojos de la gente.
En esas miradas perdidas.
Somos los mismos, pero hemos cambiado.

Sandra D. Rodríguez Cotto

El secreto de WAPA Radio

¿Por qué la Cadena Wapa Radio fue la única en todo Puerto Rico que se mantuvo al aire? Esa es la pregunta constante que se hizo todo el pueblo, las demás emisoras y los funcionarios de gobierno antes, durante y después del huracán María.

"Hay varias razones para que eso", dijo uno de sus dueños y director de noticias; el periodista e ingeniero Jorge Blanco. "Primero porque Dios nos ayudó, porque si hubiera querido tumbarnos, nos hubiera tumbado. La segunda razón: es porque hay dos ingenieros que están todo el tiempo, siete días a la semana pendientes a las emisoras".

Este avezado periodista, que los políticos locales nunca olvidan porque solía ir a las conferencias de prensa con un micrófono conectado a un palo como de cinco pies de largo y que lo ponía al frente a grupos de reporteros sin tener que luchar por un espacio, lleva esa pasión por la ingeniería en la sangre.

Con su padre, el ingeniero Wilfredo Blanco Pi, vienen y van de una esquina a otra de Puerto Rico todo el tiempo, dándole mantenimiento a las emisoras y retransmisoras de su cadena. Hay sobre 25 puntos en toda la isla. La Cadena Wapa Radio se compone de las emisoras WAPA 680 (San Juan), WMIA (Arecibo), WISO (Ponce), WTIL (Radio Útil en Mayagüez), 1580 Radio Voz (Aguadilla) y WXRF 1590 (Guayama), además de transmisores y microondas. Además, en estos meses lanzarán su señal FM en 95.3 FM.

"Las otras emisoras en Puerto Rico, por lo general, tienen ingenieros a sueldo que comparten su tiempo con un sinnúmero de patronos y personas. Eso dificulta el que puedan dar mantenimiento efectivo a las facilidades. Nosotros estamos pendientes todo el tiempo, y como nosotros mismos sabemos lo que puede fallar y lo importante que es invertir en esas cosas para que no fallen, tomamos las decisiones cuando se tienen que hacer. No dependemos de que un ingeniero lo diga y el patrono lo autorice. Nosotros invertimos para no perder lo que tenemos. Si vamos a una torre y los cables tensores están podridos, hay que cambiarlos. Lo hacemos y no tenemos que esperar a que lo apruebe el gerente o que alguien te diga que lo dejes así porque no hay chavos", dijo Jorge.

Los Blanco llevan toda la vida en Puerto Rico, pero su experiencia en la radiodifusión comenzó en Cuba. Trajeron desde allá esas destrezas que son cada día más difíciles de encontrar en la era millenial de saber hacer más con menos. Con pocos recursos, se las inventan, saben reparar y remendar lo que tienen, y lo protegen. En vez de botar equipo, lo utilizan adecuadamente, y saben que mientras todos se enfocan en el lujo y la supuesta modernidad, la radio convencional es mucho más robusta. Ahora mismo no hay ningún ingeniero en Puerto Rico que les ponga un pie al frente a estos dos radiodifusores.

En cada una de las torres, los Blanco conectaron unos tubos de acero que les llaman "fijones" que sostienen los tensores. "Si viene agua con viento fuerte, el tensor no empieza a azotar. Eso les pasa mucho a las torres de transmisión, y cuando viene una tormenta o en un huracán, los tensores se empiezan a disolver y se ponen como baba. Empiezan a dar vueltas y ahí se revienta la torre. Eso les pasó a casi todos aquí, pero a nosotros no", dijo Jorge.

De hecho, las pérdidas que causó el huracán por esa razón en todos los medios de comunicación se estimaron en más de $100 millones, pero podrían ser mayores porque torres y antenas cayeron, edificios colapsaron y hubo instalaciones inundadas en todo el país. Las torres de radio y televisión de las emisoras y canales del gobierno que pertenecen a la Corporación para la Difusión Pública (WIPR) en Cayey, Jayuya y Maricao se cayeron. El canal Wapa Televisión perdió su antena de transmisión y todavía usa parte de la del Canal 7 que pertenece a Univisión. Hasta Univisión perdió parte de sus estudios de radio y televisión en Guaynabo porque se inundaron. A todo esto, se añade el colapso en la red de fibra óptica de las compañías de telecomunicaciones, que se estimó en pérdidas totales de cerca de los $1,000 millones.

"A veces se enfocan en el lujo y hablan de eso, pero a la hora de la verdad, no se dan cuenta de que tienen que proteger el equipo porque sin equipo no hay radio ni televisión", dijo Jorge.

Los Blanco diseñaron todo un sistema de redundancia con una tecnología más antigua, pero resiliente y que demostró ser la mejor. Mientras todas las emisoras de radio y televisión del país se movieron a la fibra óptica y lo digital, o a una combinación, los Blanco mantuvieron las microondas. Su sistema es análogo.

"Para que haya seis emisoras tenemos más de siete sitios donde ponemos las microondas que repiten la señal. O sea, es una redundancia que sale de San Juan y hay microondas entre cada emisora y cada torre. Además, todas las torres y las microondas son nuestras. No se las alquilamos a otra gente como pasa con las demás emisoras", explicó.

La inmensa mayoría de las estaciones de radio se conectan con fibra óptica y dependen de compañía de telecomunicaciones. Eso fue lo primero que colapsó tras el huracán, y una tras otra las estaciones de radio fueron saliendo del aire. "Si tienes problemas de que postes se caen porque son parte de la infraestructura de Claro o de AT&T, entonces cuando esas empresas fallan, se cayó también la señal de tu emisora. Un solo poste que se caiga entre San Juan y Ponce te tumba tu emisora si dependen de fibra", explicó Jorge.

Aparte de eso, el dúo de ingenieros tiene generadores eléctricos en cada una de sus emisoras. Durante toda la transmisión estuvieron manejando una guagua con un tanque enorme de gasolina para abastecer las plantas y mantener corriendo la operación. A veces Arecibo se iba del aire o Mayagüez, hasta que los Blanco llegaban a echar gasolina a los generadores y darles mantenimiento. Salían de San Juan en las mañanas y a veces dormían en la guagua para poder mantenerlas al aire. Como había tantos árboles en el piso y las carreteras estaban rotas, tenían que viajar en horas del día para tener visibilidad. Mientras ellos hacían esa labor manual, los voluntarios ayudábamos en la emisora.

Desde septiembre hasta noviembre de 2018 hicieron eso las 24 horas del día, hasta que las plantas generadoras comenzaron a dar problemas. Ningún generador está diseñado para mantenerse operando todo el día sin enfriarse. Hubo que apagarlas y ahí fue que la transmisión de la cadena se detuvo desde las nueve de la noche hasta las cinco de la mañana del día siguiente. Así se mantuvo por varios meses tras el huracán. Ahora mismo han desarrollado todo un sistema alterno y tienen dos generadores adicionales por cada emisora, y nuevas microondas para lograr mayor redundancia y hacer que la transmisión sea confiable.

"Lo importante es planificarlo todo bien. Si te fijas, el estudio que es desde donde se origina la transmisión de Wapa Radio en San Juan, es como un búnker. No tiene ventanas. Eso lo tenemos así para protección y eso nos ayudó. No fue como pasó con WKAQ que el viento le destruyó el estudio", dijo Jorge.

El logro mayor de Wapa Radio fue servir de enlace con la gente en el momento de mayor necesidad durante la emergencia, y luego, mantener el servicio cuando no había otra forma de comunicación. Miles de personas lograron dejar mensajes a sus familiares, el gobierno estatal, las autoridades federales y a decenas de alcaldes que usaron las ondas de Wapa Radio para comunicar lo que no se podía ni por teléfono. No había televisión, ni periódicos, ni Internet ni otras emisoras. Solo esta cadena.

Por eso, lo que hicieron Jorge, Don Wilfredo, y su esposa, Doña Carmen, quien a sus más de 80 años todavía se mantiene activa en la parte administrativa de la operación de Wapa, no pasó inadvertido. Medios de América Latina, Europa y muchos en los Estados Unidos han reseñado esta gesta, al invitar incluso a periodistas competidores a usar su señal para ayudar al país, y hacerlo por tantos meses.

La Comisión Federal de Comunicaciones (FCC en inglés) reconoció la gestión de Wapa Radio como ejemplo para toda la nación americana y sus territorios. Incluso, una de las comisionadas de la FCC, Rosen Worcel, visitó los estudios para felicitarlos. Igualmente recibieron reconocimientos de la Asamblea Legislativa y otras entidades.

Es cierto que algunas emisoras regionales mantuvieron su señal, especialmente en zonas por donde los vientos no fueron fuertes. Otras, incluyendo algunas emisoras en San Juan se fueron levantándose poco a poco, pero les tomó casi un mes volver a una relativa normalidad y no estar intermitentes. Es por eso por lo que rechazo lo que intentan hacer algunos. La historia no se puede reescribir porque todo el mundo sabe que todas las demás se fueron del aire. Solo quedó la cadena de Wapa Radio.

Desgraciadamente, la mezquindad, la competencia y la pequeñez de espíritu de algunos radiodifusores en Puerto Rico, han intentado reescribir la historia para que la gente olvide esto que pasó en Wapa. Quizás porque los Blanco creen en la estadidad, o quizás porque es una cadena simple y pequeña, chapada a la antigua. Algunos hasta organizaron foros para decir que se mantuvieron al aire y hasta promociones con ese mensaje se atrevieron a lanzar en sus respectivas emisoras, pero nada de eso es cierto. El país lo sabe.

Es imposible olvidar la gestión que hizo esta familia en el momento más duro de Puerto Rico en años recientes. Escribieron una honrosa página en la historia de la radiodifusión y el periodismo, al permitir el trabajo de voluntarios.

El secreto del éxito de la Cadena Wapa Radio fue simple: mantener la tecnología tradicional, volver a lo básico y abrir las puertas a los periodistas y voluntarios sin importar la competencia. Servir al pueblo en el momento de la crisis. Ahí, verdaderamente, radica su grandeza.

Mordiéndonos
la lengua

El día que Donald Trump nos tiró con un rollo de papel toalla, había que responder su desplante mandándolo a las ventas de ese sitio tan emblemático al sureste de África. El gobierno aquí tenía dos opciones: darse a respetar o morderse la lengua. El gobierno se dobló, y Trump marcó lo que iba a suceder. Trazó cuál iba a ser su forma de bregar con nosotros los puertorriqueños, que era tratarnos a patadas.

El pueblo esperaba que el Gobernador Ricardo Rosselló le dijera "Don't push it", como hizo su padre a los americanos en otro momento histórico, pero no. Decidió morderse la lengua. Y ese acto simbólico de asumir sumiso lo que digan, se replica en el pueblo. Si el pueblo ve a sus líderes mordiéndose la lengua, imita esa conducta porque no hay de otra. Si el que tiene poder, está con miedo, ¿qué puede hacer el que no lo tiene? Ese efecto en cadena se nota a los seis meses después del huracán María.

Rosselló ha estado errático desde entonces, y el pueblo se muerde la lengua. Por seis largos meses llevamos aguantando, o más bien, sobreviviendo, para no mandar a ese sitio que queremos a los ineptos que han manejado esta crisis. Por ineptos no me refiero únicamente a los dirigentes de Energía Eléctrica o de Manejo de Emergencias, Salud, Educación y otras agencias. Hablo también de los insensibles invisibles del gobierno federal. Esos que no dan cara, pero nos matan a cuchillo de palo por la espalda, permitiendo que continúe la jauja de contratos y la botadera de dinero, o haciéndose de la vista larga ante casi 200 días sin luz, o más de 130 *carjackings* en un mes.

No podemos olvidar que los federales pararon todo lo que llegaba a la isla cuando cerraron los puertos y aguantaron la gasolina sin necesidad, y teníamos que hacer filas de horas largas para poder llenar los tanques en los carros. Íbamos a los pocos supermercados que estaban abiertos, y los estantes vacíos. No había comida. No había mercancías. Todo estaba controlado por FEMA y la gente entró en pánico. Encima de eso ibas al correo a buscar algo que algún familiar o amigo te enviaba desde los Estados Unidos, y los paquetes llegaban rotos, si es que llegaban.

Si tuviste la suerte de que no se voló el techo de tu casa, pensabas que podías volver a la normalidad, pero no fue ni es así. Las escuelas cerradas, o convertidas en refugios. Las carreteras incomunicadas, tuvo la gente que empezar a moverse porque el gobierno no actuaba. Todavía es la hora que no ha ayudado algunas áreas como Patillas o Yabucoa. Estabas preso en tu propio hogar o refugio porque después pusieron el toque de queda, y ese no poder salir sin tener miedo a que te choquen el carro sigue, porque todavía los semáforos no tienen luz. Todo ese ambiente alteró los nervios de la gente.

En esos primeros días las ayudas no llegaban a tiempo. Era un ambiente hostil, como si estuviéramos en una guerra. Miles de personas sin hogar, sus casas destruidas por los vientos o por las inundaciones, esperaban los $500 de FEMA que no es un regalo ni una dádiva. Es el dinero que se llevan de aquí, pero no llega. Le decían a la gente que tenía que solicitar la ayuda por Internet, pero ¿quién demonios podía con las telecomunicaciones colapsadas?

La gente iba desesperada al Centro de Convenciones, al infame COE y no los ayudaban. Tenían que irse de allí al calor, mordiéndose la lengua, mientras los bendecidos del gobierno, periodistas, contratistas y federales cogían el fresquito del aire acondicionado. Afuera era otra historia. Las ayudas no llegaban y al día de hoy menos del 1% de la población recibió el máximo de ayudas para reparar sus hogares.

Los amigos de alcaldes y políticos eran los primeros en tener agua. El resto de la gente, las sobras. En los hangares la comida se pudrió, y Unidos por Puerto Rico recogió más de $30 millones, pero no arregló ni un solo techo ni dio viviendas al que se quedó sin hogar. Han querido esconderlo, pero todo el mundo sabe que aquí hubo gente que pasó hambre. Sin luz para sobrevivir, sin carreteras ni puentes por donde transitar, sin teléfonos para comunicarse, y sin comida, parecía un exterminio.

Estos meses han sido horribles y parece una especie de genocidio social porque han lesionado gravemente la integridad física y mental de todos, sometiéndonos a unas condiciones de existencia que parecen dirigidas a la destrucción total de esta sociedad. No nos matan a tiros como en Siria o en Palestina, pero sí de desesperación.

¿Qué no es cierto? Repasemos la lista de esos 6 meses: han diezmado la población, han destruido los recursos que quedaban, no hay luz en amplios sectores y hacen apagones selectivos que han aniquilado la economía. Más de 40% de los pequeños negocios han cerrado, y en los *malls* que están abiertos, siguen cerrando tiendas. El tema de los muertos nunca se ha aclarado, y la gente está tan desesperada que se traduce en la forma en que aumentan la violencia y los suicidios.

La gente ha tenido que salir corriendo del país, primero azuzados por los periódicos que promovían la emigración, después por FEMA. Entones llenan la isla de extranjeros en chancletas que van apoderándose de las propiedades y comprando a precio de 'pescao abombao' lo que el puertorriqueño no tiene acceso a adquirir. Llegan los *cryptoempresarios,* de dudosa reputación y aquí les besan el trasero y le dan todo lo que no le dan al empresario local, pensando en que dejarán chavitos en esta economía.

Nos inundan al gobierno de americanos a que administren agencias y el dinero público porque el mensaje es que lo de afuera es mejor, como una vez hicieron nuestros abuelos con los señores de la caña. Y somos pocos los que nos atrevemos a señalarlo porque la gente está tan abrumada y tiene tanto miedo, que opta morderse la lengua. Ese silencio también es parte del problema.

Aquí hay que empezar a exigir. Hay que demandar respeto a los que se creen dueños de este pueblo. Los independentistas tienen que salir de la zona del confort, pero hablar con claridad. Los populares se metieron la lengua en el estuche porque están más pendiente a las candidaturas del 2020 que al ahora, y no se dan cuenta de que el miedo es inmovilismo. Los estadistas tienen que seguir enterrando el Plan Tenesí para anexarnos a la Unión Americana, como están haciendo, pero es hora de que exijan respeto.

Recordemos todos que Puerto Rico le genera 4 veces más a los Estados Unidos de lo que nos envían en ayudas federales. Aún con el huracán, generamos $58.1

billones a la economía americana, pero los Estados Unidos solo asignan $13.5 billones en ayudas. No es justo la lentitud de la recuperación.

Este pueblo ha soportado demasiado. Por eso está prohibido olvidar lo que pasó, porque las próximas generaciones tendrán que saber que en el Puerto Rico del 2017 y 2018 aquí vivió una gente que se mordió la lengua, molió vidrió con el pecho, y sigue luchando por sobrevivir.

¿Qué va a pasar con Puerto Rico en los próximos 6 meses? Solo el tiempo lo dirá. Esta semana se cumplen los seis meses del paso del huracán María y toda la estela de destrucción que nos dejó. No podemos seguir callados ni mordiéndonos la lengua. La lengua no se hizo para morderse. Se hizo para expresarnos.

Estadísticas
espeluznantes

1   MUERTOS - El gobierno insiste en que son 64, todos saben que son más de 1,000.

2   SUICIDIOS - Hubo 96 suicidios después de los huracanes Irma y María entre septiembre y diciembre de 2017. Esos son 34 suicidios más que en el mismo período de 2016. En total, 253 personas se quitaron la vida en el 2017.

3   VIOLENCIA - La violencia ha aumentado en todos los renglones. Desde la criminalidad, asesinatos, robos, "carjackings", pero donde más se ve es entre las poblaciones vulnerables como viejos, niños, personas con impedimentos y mujeres. Organizaciones feministas han denunciado que el sistema de ayuda a las víctimas y de recopilar estadísticas de casos, colapsó. No hay datos oficiales certeros.

4   ELECTRICIDAD - A ocho meses del huracán todavía un 15% de la gente no tenía luz.

5   AGUA - A ocho meses del huracán todavía 13% de la gente no tenía luz.

6   CASAS - 1,100,000 casas fueron afectadas y solicitaron ayuda de FEMA para reconstrucción.

7   ECONOMÍA - Se estima que entre un 20 a un 25% de disminución en la actividad económica y pérdidas totales acumuladas de más de $180,000 millones.

8 EMIGRACIÓN - Sobre 140,000 personas se han marchado de la isla en los primeros ocho meses. Unos 135,000 niños puertorriqueños han sido matriculados en escuelas de los Estados Unidos, principalmente en Florida, Nueva York, Connecticut, Massachusetts, Pennsylvania, New Jersey, Illinois y Texas.

9 ESCUELAS - Se anunció el cierre de 243 escuelas públicas. De 1,523, se anticipa que el total de escuelas en el país estará en unas 805.

10 AYUDA - Hasta febrero, FEMA había recibido 1,107,139 solicitudes de asistencia. De éstas, denegó un 61% de las peticiones de ayuda. Solo aprobó 433,856 y tenía pendientes 5,920.

11 SOCIEDAD CIVIL - Las organizaciones sin fines de lucro ayudaron a un millón de afectados.

Fuentes de esas estadísticas: Instituto de Estadísticas, Centro de Estudios Puertorriqueños de Hunter College, FEMA, Centro de Periodismo Investigativo de Puerto Rico, Estudios Técnicos, Departamento de Salud.

Lo que pasó
en Wapa Radio

Como era de esperarse, todo cambió en Wapa Radio después que pasó el huracán.

Poco a poco se fueron retirando uno tras otro los periodistas, psicólogos, médicos y ciudadanos que fueron los primeros días a trabajar allí de voluntarios. La luz llegaba, los medios reabrían operaciones y la gente tenía que empezar a trabajar. En Wapa Radio todo volvía a la normalidad, pero el cansancio ya dejaba huellas en todos.

Era evidente que tantas semanas de intensidad les alteraron los nervios a muchos. Reporteros, locutores y hasta los dueños de la estación estaban extenuados. Las largas jornadas con poca paga y sin recursos agotaron a los periodistas. Los dueños estaban físicamente cansados de tener que estar yendo de una a otra emisora a cargar de diésel las plantas eléctricas, o a reparar equipos para mantenerlos al aire. Después de todo es una operación pequeña, no un medio que pertenece a una multinacional.

Ya para el mes de noviembre en un día difícil de esos, el señor Wilfredo Blanco y su hijo Jorge le hicieron unos severos señalamientos a Luis Penchi y a Jesús Rodríguez García. Jorge cuestionó cómo era que no producían más contenido noticioso para competir con otras cadenas, a lo que Penchi contestó que no tenían ni tuvieron recursos, ni siquiera Internet, durante largas semanas. Dijo que hacían lo que podían, sin recursos. Fue tensa la discusión y lo peor de todo es que fue en vivo y al aire. Todo el mundo escuchó.

Además, a muchos en el gobierno les convenía ir a otras emisoras en las que no les cuestionaran su falta de trabajo. Era mejor ir a dar entrevistas a donde no hacen las preguntas importantes que el público quería oír y esquivar la fiscalización que se estaba dando en Wapa Radio. Por otro lado, el manejo habitual del negocio hizo que Wapa Radio regresara a su programación de siempre. Se fue la llamada "Cobertura Especial" porque la emergencia ya había pasado.

Opté por quedarme allí hasta diciembre porque ya eran demasiados meses de voluntariado y era momento de regresar a la normalidad. La emisora me ofreció un espacio en el horario nocturno que decliné porque afectaba en mi rutina personal y diaria, pero allí permanecieron Ada Jitza Cortés y Alfonso Madrid.

Lo cierto es que en toda esta emergencia después del huracán María, la radio en general volvió a seducir a Puerto Rico. Anunciantes, agencias de publicidad, otros medios y mucha gente la pensaban como un medio obsoleto, y que, a la hora de la verdad, resultó ser el más confiable. Cuando no había ni periódicos, ni televisión, ni teléfonos ni Internet, había radio. Así se informó la gente.

Puerto Rico empezó a levantarse en gran medida porque las emisoras de radio ayudaron a mantener la ciudadanía informada, conectaron familias, dieron la voz de alerta y evitaron tragedias mayores al decir al aire lo que ni siquiera las autoridades sabían por qué todo lo demás colapsó. No habías teléfonos, muchos cuarteles de la Policía y centros de Manejo de Emergencias quedaron inundados, no había Internet y lo único que sobrevivió fueron algunas emisoras de radio.

Además de Wapa, emisoras independientes en Ponce, Mayagüez, Patillas, Humacao, Arecibo y otras también se mantuvieron al aire en ese proceso del huracán y siguieron durante esas primeras semanas de caos. Algunas de éstas incluyen a Radio Antillas en Guayanilla, WPAB 550 en Ponce, WKJB en Mayagüez, Radio WALO en Humacao y X-61 en Patillas, estas dos últimas lograron hacer su labor a pesar de estar ubicadas por donde entró el huracán.

Algunas emisoras subieron al día siguiente y otras de manera intermitente porque no había electricidad. Pero hicieron su labor de conectar a la gente que estaba desesperada. La radio fue la única forma de conexión con el mundo y eso hay que reconocerlo. Ahora mismo muchos intentan reescribir la historia, pero la gente sabe porque todos recordamos esos momentos de angustia cuando todo aquí colapsó después del huracán. Incluso la prensa norteamericana y mundial así lo reconoció, publicando decenas de noticias de este tema.

La gente quiere estar dónde los escuchen y canalicen sus necesidades básicas. Eso lo proporciona la radio como ningún otro medio. Eso es lo que quiere la gente, y lo saben los anunciantes, y también los políticos.

Y por eso afirmo sin temor alguno que el único medio que salvó vidas fue la radio. Las sigue salvando cada vez que algún locutor o periodista usa su voz para clamar por la ayuda a quien lo necesita. Por eso digo sin ambages que después del huracán, la radio se coronó como el medio principal en Puerto Rico.

Puerto Rico tiene una deuda de gratitud con todos los radiodifusores, particularmente con los que se mantuvieron al aire en esa emergencia. Con la familia Blanco (Don Wilfredo, Doña Carmen y Jorge), todo el personal técnico y los periodistas que allí laboraron pasarán a los anales de la historia como los que mejor sirvieron al país en el momento de mayor necesidad. Eso es innegable.

Descansen en paz

Una lúgubre noche después del huracán María, el alcalde de Toa Baja, "Betito" Márquez, llegó hasta el estudio de Wapa Radio en aquella cobertura especial cuando no había luz en ningún sitio y me dijo: "Hay muchos muertos".

"¿Cómo cuántos?", le pregunté y él me dijo: "Creo que van entre ocho a 10. Yo vi gente aguantada de las verjas para que el golpe del agua no se los llevara arrastrados, había gente encamada que se quedó durmiendo y el agua los cubrió. Son muchos muertos. Sí, son muchos muertos", me respondió, resistiendo, pero sus ojos lo delataban. Brillaban como los de alguien que había llorado momentos antes. Me vi reflejada en ellos. Era esa misma mirada que veía en tanta gente que llegaba de todas partes de Puerto Rico contando la tragedia que nos tocó vivir a todos.

La mañana siguiente llegaron unas gemelas y les contaron a los periodistas que estaban en ese momento al aire, encabezados por Wilda Rodríguez, y querían informar por las ondas radiales a sus demás familiares que su padre había muerto porque no llegó la máquina de oxígeno a tiempo.

Por la tarde me enteré de uno de esos cuentos que todavía me estruja el alma. Uno de mis mejores amigos que es parte de mi familia, José Fidalgo, pasó el huracán en la casa de sus papás en la urbanización Villa Nevares, cerquita del Centro Médico. Sus papás estaban viejitos y todo el estrés del ruido de los vientos los tenían nerviosos. Fue algo tan fuerte que su padre no resistió. Falleció de un infarto fulminante. José y su mamá tuvieron que lidiar con el escalofriante dolor de tener a su padre fallecido en plena casa, durante el huracán. Después, estuvo varios días hasta que lograron sacarlo. Ni él, ni su hermana María, a quien quiero mucho, superan su partida.

A los pocos días, como a eso de las tres de la mañana, estaba al aire en la emisora con la periodista Ada Jitza Cortés, cuando de pronto llegó una de esas personalidades de la historia del baloncesto en Puerto Rico, Diego Meléndez, hermano del famoso coach del equipo nacional, Flor Meléndez. Con sus más de seis pies de impresionante altura y esa voz grave de tenor, Diego llegó y empezó a llorar acongojado. Desconsolado gemía. Ver a un hombre tan alto y fuerte llorando, conmueve a cualquiera. En medio de su ataque de llanto nos contó que, en esas noches a oscuras sin luz, su hija de 36 años comenzó a convulsar y se resbaló, cayendo al piso. Se golpeó la nuca. Su familia estaba en otras partes de la casa y no se enteraron hasta un rato más tarde, porque la llamaban, pero ella no respondía. Le dieron respiración boca a boca, pero nada. Intentaron revivirla, pero no pudieron. Lucharon por salir de su casa en Canóvanas, pero los árboles en medio y el río crecido les impedían salir de la carretera. Ella murió.

El llanto de Diego Meléndez jamás lo voy a olvidar porque como madre de una niña epiléptica, me aterra pensar que me toque pasar por ese dolor.

Tampoco olvidaré que en esos días se fue mi mejor amiga Aileen Jordán. Era joven, pero la faena del huracán la afectó. Tenía que cargar cubos de agua y luchar contra el calor y los mosquitos en su casa en Puerto Nuevo, para estar lista en su trabajo al día siguiente. Allí, como gerente de recursos humanos, enfrentaba las historias de sus empleados que lo habían perdido todo, veía a clientes tratando de abastecerse y a la vez luchaba con los vaivenes de luz, muchas veces a oscuras y con calor. Me dijo que le dolían las manos y la espalda de tanto esfuerzo físico. Fue la última vez que hablamos porque al día siguiente, en pleno trabajo sintió un dolor en el pecho. Fue un infarto masivo y murió, dejando huérfana a una hermosa hija de apenas 13 años. Todos los días siento el vacío que dejó en mi vida su partida.

El papá del insigne escritor Elidio La Torre Lagares, dos primos de mi mamá en Caguas y Hato Rey, la joven diabética secretaria en la agencia del gobierno, el joven maestro de Mayagüez, cinco envejecientes de familias distintas en el barrio Canta Gallo de Guaynabo, los deambulantes que ya no se ven en las calles, los casos que todavía no sabemos; en fin, hay demasiados muertos después del huracán.

Fueron muchos los que no aguantaron las enfermedades. Son cientos, creo que miles, los casos de personas que sufrieron o cuyas condiciones se agravaron por la falta de luz, acceso a hospitales y demás problemas provocados por el huracán. Esos no están en las estadísticas oficiales del gobierno.

La realidad innegable es que el dolor arropa todas las esquinas de Puerto Rico y ha tocado a casi todo el mundo de una forma u otra, porque al que no se le murió un conocido, tiene a alguien enfermo; o su familia se dividió porque la crisis aceleró la emigración. A veces la partida es como una muerte. Eso se siente en la mirada de los que se quedan. El pueblo está de luto, pero en el gobierno nadie lo quiere admitir. Aun peor, lo descartan.

El denominador común desde el principio ha sido la insensibilidad, el cinismo y hasta la pedantería de los funcionarios cercanos al gobernador Ricardo Rosselló. Decir que son 64 muertos cuando la gente está enterrando a sus familiares, no solo es una falta de respeto, sino una burla. Ver páginas en redes sociales con familiares de políticos diciendo que esos "no cuentan" porque murieron, o que si no hay acta de defunción no importan, es un asco. Desde el día uno se levantó ese cuestionamiento de la falta de transparencia con las muertes. Lo han hecho muchos periodistas y líderes cívicos. Lo hice y lo he reiterado desde entonces, incluso hasta se lo reclamé de frente en un foro público en el que participé junto al jefe de seguridad, Héctor Pesquera, pero nada sucede.

Es como si quisieran esconder los muertos. Pero el hedor de muerte lo impide.

Los muertos están ahí y sus espíritus reclaman justicia y respeto.

Jamás olvidaré la conversación con la periodista Carla Minet, cuando me narraba cómo los reporteros del Centro de Periodismo Investigativo se tiraron a la calle en esos primeros días de caos y entrevistaron alcaldes, familias y dueños de funerarias en todo el país. Identificaron cerca de 50 víctimas fatales del huracán adicionales, que no eran los que estaban en la lista de 55 que decía el gobierno a ese momento. Fueron los primeros en intentar buscar respuestas oficiales para tanta gente que lloraba la pérdida de algún ser querido. Después llegó la cadena CNN, y en una investigación revelaron que las muertes que no estaban contadas por el gobierno rondaban cerca de las 500 personas.

Rosselló y Pesquera insistieron en que la cifra real eran 64, según las actas de defunción, pero saben que el pueblo nunca les creyó. Por eso el gobierno contrató al Instituto Milken, de la Universidad George Washington, para investigar las muertes. Casualidad o quizás causalidad que pidieron más tiempo para hacer ese trabajo justo cuando apareció el estudio de la Universidad de Harvard, y entonces llegó la cifra de la discordia. Harvard University estimó las muertes en 4,645. A partir de ese momento se montó el andamiaje de propaganda para tratar de desacreditar el estudio, pero es difícil hacerlo cuando Harvard es una de las universidades más prestigiosas del mundo.

Meses después, ocurrió un evento espontáneo e importante en honor a las víctimas del huracán.

Lo ideó mi amiga, la periodista Gloribel Delgado, quien estuvo de voluntaria los primeros días en Wapa Radio. Tras ver que pasaban semanas y semanas, y la gente seguía muriendo,

Gloribel, el escritor Rafael Acevedo y otros artistas, decidieron hacer un acto sin precedentes en Puerto Rico; colocando zapatos de fallecidos en la plazoleta frente al Capitolio.

Uno a uno empezaron a llegar hasta allí los familiares a honrar a sus muertos. Fue como el velorio colectivo que el gobierno nunca hizo. Al final, cerca de 6,000 pares se zapatos fueron colectados allí.

Pero como todo en la política, y en el absurdo proceso de propaganda que se montó desde el huracán, se volvió a faltar el respeto a la gente.

La primera dama Beatriz Rosselló publicó un comentario en su cuenta de Twitter que más que sarcástico o inocente, fue otra burla al dolor del pueblo. Pidió que los zapatos de esa manifestación frente al Capitolio se los donaran, para ella regalárselos a niños cuando empezaran a repartir mochilas y materiales educativos en las escuelas públicas. No fue inocencia, fue cinismo puro.

Yo imaginaba los zapatos de mi amiga Aileen en pies de otra persona, y me daba coraje. Así se sintieron muchos, mientras que en toda la prensa local e internacional se seguía cubriendo el evento de los zapatos, y los cientos de personas que seguían llegando hasta el Capitolio hasta altas horas de la noche.

La presión fue tal, que a la Primera Dama y al Gobernador Ricardo Rosselló no les quedó más remedio que llegar hasta el lugar, con sus hijos, a mirar los zapatos y hacer acto de presencia. Es increíble la desconexión con el dolor ajeno.

Meses más tarde, en junio de 2018, y casi como ladrón en la noche, publican un informe oficial ante el gobierno federal que en letras pequeñas decía que los muertos no eran 64. El Registro Demográfico reveló que la cifra de personas que murieron directa o indirectamente durante los primeros 20 días tras el huracán María, fue de 2,320. O sea, admitieron que 81 personas morían al día, 700 más que el promedio registrado. Admitían que las muertes no fueron solo por causas naturales sino por la falta de electricidad y las dificultades para recibir asistencia médica de inmediato.

El estudio de la Universidad George Washington no ha sido publicado al cierre de esta edición, pero todo apunta a que se acercará a las cifras que la prensa siempre supo y que el gobierno no quiso admitir para no confirmar su incompetencia en el manejo de la emergencia.

Fueran 16, 64, 4,645 o las que sean, la realidad es que aquí murió mucha gente. Cuando muere un hermano, un familiar, un vecino, un amigo, sufrimos. Puerto Rico está de luto. Tenemos que admitirlo. Negarlo es un acto asesino y criminal.

Tenemos que honrar la memoria de nuestros muertos. Tenemos que guardarles luto, y entender qué pasó para que nunca más vuelva a suceder.

Mis tres tácticas
para salir
de la crisis

Sigo unas reglas básicas cada vez que enfrento una crisis.

En este huracán las usé a diario y las sigo usando desde entonces.

Son mis tácticas para salir de la crisis que enfrento con tres afirmaciones.

Me digo a diario:

"Me preparo para..."

"Me recupero de..."

"Me adapto a..."

"Me preparo para los embates de la vida, los físicos y los espirituales, con fe. Los enfrento desde el amor".

"Me recupero del azote de los vientos y el caos que dejó el huracán con tenacidad y perseverancia".

"Me adapto a la nueva realidad con el corazón abierto".

Algunos llaman a esto, resiliencia. Yo le llamo, mis tres tácticas para superar la crisis.

Este ha sido mi mantra...

¿Cómo me cambió María?

El famoso escritor colombiano Gabriel García Márquez decía: "No tenemos otro mundo al que nos podemos mudar". Quizás hablaba de su realidad, pero aquí es distinto. En Puerto Rico, sí lo tenemos.

Irónicamente por nuestra situación colonial son muchos los que siguen yéndose hacia los estados en busca de una mejor calidad de vida. El caos que dejó el huracán María y la economía que no acaba de arrancar, hace que muchos sigan mudándose a ese otro mundo fuera de la isla donde ya viven casi seis millones de puertorriqueños. La diáspora boricua es mayor a los que nos quedamos aquí.

No soy quién para juzgar a nadie, y menos si la persona tomó la decisión de separarse de sus familiares y amigos, de abandonar la patria para irse de aquí. Respeto las decisiones que se toman. En mi caso, he aguantado, pero no puedo negar que el paso del huracán y todo lo que ha sucedido desde entonces me tiene como a muchos, en una constante lucha por sobrevivir.

El estar sin luz, haciendo filas en la ATH para sacar 20 dólares, haciendo filas de 10 horas para conseguir gasolina o yendo a los supermercados abiertos a ver estantes vacíos, jamaqueó al más fuerte. Yo también lo sentí, como todos. Ha sido demasiado duro porque a este pueblo nunca se le preparó para una emergencia de esta magnitud.

Se nos hizo creer que como somos ciudadanos americanos, tenemos cable TV y Netflix, celulares y empresas multinacionales, somos como los demás. Nos creímos ricos pero este huracán nos dio en la cara restregándonos la pobreza que siempre estuvo ahí. La indigencia oculta en los cheques del PAN y el Plan 8, las compras en Costco y Sam's. Ver esa pobreza y lo vulnerables que somos, hizo enloquecer a muchos. Descubrir que somos un territorio del tercer mundo le afectó la psiquis a mucha gente.

Eso no necesariamente me afectó a mí. Yo siempre supe que aquí había una pobreza extrema porque siempre he trabajado cerca de ella, primero en mis años como reportera y también en mis compromisos con diversas organizaciones de base comunitaria. Sin embargo, el huracán la demostró ante todos como nunca. Es difícil mirarse ante el espejo de que somos bien pobres.

Fue difícil lidiar con la gente que no había conocido esa pobreza y tratar de moverlos a entender lo que somos. Eso sí fue duro para mí. No fue fácil el tener que usar la radio para atender la emergencia a la misma vez que demostraba que estamos como el mismo Puerto Rico de los años 20 y 30, con el control del gobierno americano, solo que ahora tenemos tecnología y nos acostumbramos al celular, a la televisión y a los *shoppings centers,* porque vivimos en la burbuja de la enajenación. Compramos, oímos música y le creemos los cuentos a los políticos. Bailamos, comemos y se nos olvida que somos pobres. Quizás por eso el huracán fue tan duro porque nos desnudó ante el espejo de la realidad.

El ver cómo de la noche a la mañana tanta gente lo perdió todo, asusta. Duele. Hiere el alma. Sentir la desesperación de las personas clamando ayuda, con pánico a que vuelva un huracán, o frustrados porque siguen viviendo bajo toldos azules o en casas rotas, es demoledor. Destruye el corazón.

Igual me duele todavía ver el engaño constante hacia los más pobres y vulnerables, y cómo el mismo sistema los empuja a

irse de aquí. Pero el dolor se me transforma en ira. Eso, admito, es una de las formas en que este huracán me cambió. Ya no tengo tolerancia para los mentirosos. No soporto la hipocresía de comerciantes y políticos que pretenden que vivíamos enajenados, actuando igual que antes, con la actitud de que aquí no pasó nada. Me da ira.

Otra cosa que no tolero es la indiferencia al que sufre, y por desgracia, es algo que veo en muchos sectores que quieren volver a como éramos antes. A ese Puerto Rico que era todo un mundo de imposturas, caretas e ilusiones.

Si algo hemos descubierto todos es que el gobierno se colgó en el manejo de esta emergencia. No estaban preparados. Peor aún es que siempre usan la muletilla de que "nadie se prepara para un huracán categoría 5", pero es una falsedad. Debieron tener una preparación básica, y debieron escuchar las voces de personas con experiencias pasadas. Quizás así se hubieran salvado vidas. No hubo ningún plan, a pesar de que era una promesa de campaña. En ese sentido, algo que dejó este huracán es que todos sabemos que no podemos depender del gobierno y mucho menos de los políticos. Fue el pueblo mismo el que actuó en la emergencia.

Yo siento que cambié un poco después del huracán. El cambio, después de todo, es ley de vida. No quiero seguir mirando al pasado ni tampoco pensar solo en el futuro. Creo que sí es importante recordar y no olvidar lo que nos pasó, pero tenemos que movernos. Hay que atender el presente. El ahora. Hay que prepararse para que esto no vuelva a ocurrir.

Más allá de comprar tormenteras y una planta eléctrica, pintar el techo para que no salgan las goteras, tener comida en lata y guardar agua, hay que ser gente. El huracán me hizo recordar a mi vecino, al viejo de al lado, a la señora que vive al frente sola. Ver los muchos viejos que tenemos que ayudar porque Puerto Rico envejece.

El huracán me hizo más abierta. Me hizo perder el miedo a expresar mis emociones en público, algo que por la formación de periodista me era difícil hacer. A una se le inculca en la mente que el periodista debe ser imparcial o supuestamente objetivo, pero la objetividad no existe. Cuando alguien te llama en vivo y te dice al aire, en la oscuridad de la noche que teme porque su marido la acecha para agredirla, o te llama para decirte que se va a suicidar, o llora por hambre, como tantas veces me pasó en la radio, me hizo perder el temor a mostrar mi corazón. No me importa admitir que lloré. Sí, lo hice, muchas veces. Todavía lo hago cuando veo gente que a tantos meses del huracán sigue igual.

Admito que siento que tengo eso que los psicólogos y psiquiatras llaman el estrés post traumático como le pasa a muchas personas. Lo veo cada vez que se va la luz y me da ansiedad. Después de todo, es común tener esas manifestaciones después de haber experimentado el trauma del huracán y de ver tanta tristeza y necesidad por tantos meses seguidos. Sin embargo, me da esperanza ver el estoicismo de la gente. Esa fuerza de levantarse es lo que me mueve.

A veces siento que este pueblo necesitaba una sacudida para entrar en razón y comprender lo que es verdaderamente importante. Teníamos que darnos cuenta de la burbuja en que vivíamos. Teníamos que aceptar lo malo y aprender a construir desde la nada, para ser mejores que antes.

Quizás este huracán nos ayude a ser mejores personas, a dejar los egos y las mezquindades para amar más. Que miremos al otro y lo ayudemos desinteresadamente.

El día después del huracán, después de limpiar en mi casa y en la de mis padres, y llegar hasta la emisora de radio, pensaba que sería algo corto. Nunca pensé que el trabajo sería tan arduo ni de tantos meses. Mucho menos me imaginaba que enfrentaría tanto dolor de aquella gente que lograba llegar a la emisora o a los que veía en mis recorridos por la isla. Esas experiencias por siempre estarán en mi alma.

Soy la misma que antes del huracán, pero irónicamente he cambiado.

Mahatma Gandhi decía que "Si quieres cambiar al mundo, cámbiate a ti mismo".

Quiero hacer más, quiero compartir más, quiero reír más, quiero amar más. Quiero hacer muchas cosas porque es un privilegio estar viva. Salí ilesa del huracán, y siento que es mi responsabilidad ayudar a crear un mejor Puerto Rico. No olvido jamás que uno se levanta ayudando.

Solo espero que esto que nos pasó a todos, no se olvide nunca.

Mensajes en papelitos

CARMEN ██████

787 ████████

TIENE NEVERITA
PEQUEÑA DE OFICINA
PARA DONAR A LA
PERSONA QUE ESTÁ
NECESITADA DE UNA.

~~CARMEN~~

CARMEN ████ ES
PACIENTE DE CANCER
PERDIÓ SU CASA. FEMA
DICE QUE TODAVÍA NO SE
ESTÁ VISITANDO EL
PUEBLO DE GUAYAMA
DONDE ELLA RESIDE.
ESTÁ VIVIENDO EN UNA
CASA PRESTADA.

787 ███████ (NÚMERO
DE SU HERMANO
JOSÉ ████████)

Villa Del Mar Cari.
Maria Colón Díaz
Calle 2 Sector
Barranca calle
principal, no reciban
los escombros
███-███-████

Guayama

ESC. FRANCISCO GARCÍA BOIRIÉ
URB. COSTA AZUL, GUAYAMA
LA COMPAÑIA M. JO QUE
TRABAJA PARA VIVIENDA LE DICE
A LOS REFUGIADOS (3 FAMILIAS)
QUE DEBEN ABANDONAR EL
REFUGIO MAÑANA A MEDIO DÍA
LA COMPAÑIA LES CONSIGUIÓ
APARTAMENTOS QUE NO
TIENEN AGUA NI LUZ. ELLOS
NO QUIEREN SALIR DE LA
ESCUELA PORQUE TIENEN NIÑOS
ASMÁTICOS Y UNA MUJER
EMBARAZADA.

Sra. Melendez
Calle 15 ████ Capara Terrace
- Están sin energía eléctrica desde
huracán Irma
- Hay encamientes, niños y enfermos
Brigadas de la AEE no han
pasado.
Están desesperados y viven con miedo

SECTOR LA HORMIGA, BO CATAÑO POR SECTOR
POZO DULCE, CASA ANTES DEL CENTRO COMUNAL
DEL MIRADOR DE LA HORMIGA.

BO CATAÑONCITO DE CAGUAS
CARR. 785, KILOMETRO 30

MATRIMONIO JOVEN CON BEBÉ DE TRES MESES)
HENRY CARRASQUILLO RODRIGUEZ Y SU ESPOSA
GISELLE CUADRADO BURGOS.

(LECHE FORMULA ESPECIAL: NUTRAMIGEN)
"LA FORMULA ES LA QUE TIENE UN #1 EN COLOR
ANARANJADO DE 0-12 MESES"

(AL 26/10/17 HACIAN 15 DIAS DE SU APLICACION
DE FEMA Y AÚN NO HA PASADO NADIE)
(CONTINUA) →

---

* PERDIERON SU CASITA Y AHORA VIVEN EN
UN ESPACIO LIMITADO CON LOS PADRES DEL
JOVEN.
        DON DIEGO CARRASQUILLO NATOS
   Y DOÑA ANA RODRIGUEZ GUZMÁN

                        * VAN A LA
                         COLINDANCIA DE
   (787) - ___ - ____ (HENRY)   CIDRA A BUSCAR
                                  AGUA POTABLE
   (787) 3 __-____ (GISELLE)

(SON DOS JÓVENES MUY DESEOSOS EN PODER
TIRAR HACIA ADELANTE)

   * REFERIDOS POR: PEDRO Y EDUARDO
                     Y MARIA (JUECES)
          (787) _____

Aurea Rivera
787-_____   tos

Para donar cama de
Posición y Tanque de

Oxígeno.

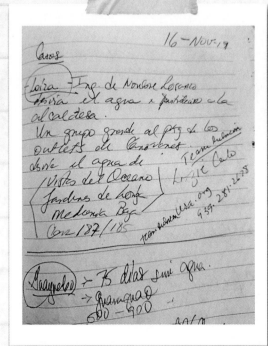

WAPA RADIO
PROGRAMA: SANDRA RODRÍGUEZ COTTO

BUENAS TARDES, MI BEBÉ
CUMPLIÓ 1 AÑITO EL 31 DE OCTUBRE,
TOMABA NUTRAMIGEN, PERO EL
PEDIÁTRA SE LA CAMBIÓ EN
LA CITA DE RUTINA DE 12 MESES.
ASÍ QUE DECIDIMOS DONAR LA
QUE TENÍAMOS COMPRADA Y OTRAS
REGALADA POR LA FAMILIA.
ESPERAMOS LA PUEDAN UTILIZAR
Y DIOS BENDIGA A LA FAMILIA.
Gloria Mar.

LA SRA. ESTHER ANTONNETTI
(787. ▮▮▮-▮▮▮▮) PIDE AYUDA
PARA LA FAMILIA VIROLA DEL
Bº MERLE DE PATILLAS.
LA CASA PERDIÓ EL TECHO,
EL BAÑO NO TIENE PAREDES
FEMA NO HA IDO NI HAN
DECIBIDO AYUDA DEL MUNICIPIO

SE PUEDEN COMUNICAR
CON LA SRA. ANTONNETTI

PEDRO SOTO
▮▮▮-▮▮▮-▮▮▮▮

TRABAJA CON EL
MUNICIPIO DE FAJARDO.
QUIERE DETALLES DEL
CASO QUE EL MUCHACHO VIVE
FUERA DE P.R. Y BUSCA
CALIDAD DE VIDA PARA SU
SUEGRA, PACIENTE DE CANCER
Y ASÍ EL SUPLIR LO QUE
SE NECESITE.

Juana Colón
Doña Silla Ruada

URB. VILLA BLANCA EN CAGUAS,
CALLE BRILLANTE #11
SE PARTIÓ UN POSTE Y LOS
CABLES ESTAN SOBRE LA VERJA
DE LA RESIDENCIA.

Sandra:
Situación señor
impedido con distintos problemas
Interesa hablar contigo
favor de llamarla

Lucy Hernández ▮▮▮▮

VECINOS DEL BO
CARITE DE GUAYAMA
NO TIENEN AGUA Y
DICEN QUE EL PROBLEMA
ES QUE A ELLOS LOS
SUPLE LA PLANTA DE
FARALLÓN EN CAYEY
Y APARENTEMENTE NO
SE HAN ACCIONADO LAS
BOMBAS CUANDO YA
CAYEY TIENE AGUA.

Sra. PURIFICACIÓN

ESTÁ ATENDIENDO EL CASO
DE LA MUCHACHA DE VELA BAJA
QUE NECESITABA LA LÁMPARA
SOLAR.

Sra. ▒▒ Rodriguez han llamado
para que atiendan el caso, ya sea
el Depto. de la Familia o cualquier otra
agencia, de la Sra. Maria de los Santos
quién vive en la Calle # ▒ NE ▒▒▒▒▒
Vive sola, no tiene agua o energía
eléctrica y tiene diagnóstico de Psicosis
del Hosto Rey Community Hospital. Tiene seguro
social pero ningún familiar la visita o se
preocupa por ella.
- El caso en el Depto. de la Familia es el
  # ▒▒▒▒▒▒
- Marjorie Maria atendió el caso

NORBERTO GONZALEZ
JOVEN CUADRIPLÉJICO
HOSPITALIZADO EN EL
UNIVERSITARIO DE CAROLINA
MILAGROS. ~~EY~~ (SU MADRE).
SOLICITABA UNA PLANTA.
SI SE PUEDE COMUNICAR
A WAPA RADIO HAY UNA
PERSONA INTERESADA
EN AYUDAR.

Hogar de ancianos
San Vicente
Toa Alta Call 828 / Km 1.2
Sector Los Ayala

Sin luz

Sra. Candita [redacted] de Río Piedras
Es una persona no vidente
está encamada y necesita
urgente una nevera, entre
otras cosas.
Teléfono: [redacted]
También desea información sobre ayuda
de FEMA ($500.00) ya que su esposo
llenó los papeles hace un mes y aún no
han recibido respuesta.

EGIDA SUNRISE ELDERLY
RÍO PIEDRAS, HIGH PARK
CALLE LOS MIRTOS 196
PRENDEN LA PLANTA
ÚNICAMENTE DE 8-11 AM Y
DE 5-7 PM.
ES UN EDIFICIO DE 8 PISOS
ANTONIO ESCUDERO LLAMA
PARA DENUNCIARLO
(_____)

Sandra te dejé 3 pares tejidas
por mí y una silla para llevar
para el bebé
Además informar que en la Calle
Arenavara y otras calles de Venus
Gardens están sin luz mientras que
otra parte de Venus tiene luz
Rosita Ortiz

Sr. William [redacted] del Residencial
Ramos Antoni hace llamado a la
AEE para que energize el Residencial
pues no tienen servicio desde
huracán María. Las Brigadas de la AEE
no se han visto por el área.
Hay postes colgando del tendido
eléctrico y hay escombros sin
recoger.